Jardiner
SANS EFFORT

SAVOIR & FAIRE

Noémie Vialard

Jardiner
SANS EFFORT

Tous les conseils et variétés à adopter
pour un jardin (presque) sans entretien

massin

Avant-propos

Ça y est, vous avez sauté le pas! Héritage familial ? Achat coup de tête, coup de cœur ou raisonné ? Qu'importe! Vous avez une maison secondaire, et, surtout, un jardin attenant. Et c'est là où «le bât blesse»! Car jardin de week-end (voire de vacances, ce qui est encore pire) est souvent synonyme de corvée.

Quel désastre allez-vous trouver en arrivant ? Faudra-t-il «tondre» le gazon haut de 50 cm ? Et le désherbage, les ronciers qui s'installent un peu partout, les plantes souffreteuses, mortes, même, de soif ou d'abandon tout simplement, qu'en faire ?

Si vous avez un jardin lointain, oubliez toutes ces idées préconçues, et soyez optimiste !

Il va falloir apprendre... à ne rien faire, ou presque! Oui, oui, c'est possible avec une organisation parfaite. Une organisation à démarrer dès la prise en main de ce bout de terrain, car c'est indispensable. Des notes, des photos, un cahier de jardin...

Bien sûr, il y a des tâches essentielles auxquelles vous ne pourrez pas échapper. Prévoyez quelques week-ends pour les effectuer, cela vous permettra d'être presque tranquille le reste du temps, avec le plaisir de jardiner seulement si vous le désirez. Transformez-les en fête en invitant des «très très» proches pendant ce week-end. Ils vous aideront au jardin ou prendront en charge l'intendance, c'est-à-dire la cuisine... Des très proches qui ne seront pas une charge, des très proches avec qui vous ne serez pas obligé de jouer les hôtes, qui pourront se débrouiller. Sinon... venez seul ou en famille.

Un jardin de week-end s'adresse aussi au jardinier du dimanche, à celui dont les horaires de travail l'empêchent de «visiter» son jardin dans la semaine. Personnellement, j'habite «dans» mon jardin, mais j'ai très peu de temps à y consacrer. Il vit presque tout seul et je connais parfaitement les moments où mon intervention est nécessaire... Alors, je vous livre mes secrets...

Noémie Vialard

Sommaire

Introduction

Pour profiter pleinement de votre jardin du week-end, quelques règles sont à respecter. Privilégiez des plantes qui demandent peu d'entretien et planifiez les corvées indispensables.

Vous découvrirez alors la véritable paresse du jardinier.

Un jardin le plus naturel possible

Renoncez au jardin qui demande trop d'entretien. La paresse, la chaise longue... Peu de jardiniers savent ce que c'est. Pas le temps, pas l'envie... Au jardin, il y a toujours quelque chose à faire. On court, persuadé que l'état de jardinier interdit l'oisiveté. Mais il y a mille façons de flâner et c'est un luxe indispensable pour le bien-être et la quête du jardin idéal de week-end, car le contempler en y mêlant la réflexion suscite le désir de se remettre à la tâche.

Déjeuner sur l'herbe en admirant les mésanges qui se délectent des miettes de brioche, musarder, renifler, goûter, s'imprégner de cette nature apprivoisée, croquer un fruit, humer le lilas ou une rose, suçoter une feuille de mélisse, se laisser interpeller par le pinson, s'amuser d'une grive musicienne qui tape une coquille d'escargot sur le sol, soulever la cloche qui protège de la lumière la grosse chicorée...

C'est dans ces promenades d'observation et de vagabondage de l'esprit que les idées affluent. Pourquoi ne pas dessiner une nouvelle allée, entre ces bosquets, et déplanter ce très grand rosier pour l'installer dans la haie ?

La mise en scène de végétaux demandant peu d'entretien, tels des arbustes, de bonnes vivaces et des couvre-sol, facilite cette disponibilité.

La paresse du jardinier ne se concrétise pas seulement par un bain de soleil sur l'herbe ni une sieste dans un hamac, mais aussi par la contemplation. Contemplation mêlée de réflexion. Au fil des dimanches, faire mille tours au jardin sans y travailler, juste pour le plaisir, revenir les bras emplis de cueillettes et envahi d'images fleuries et parfumées qui se baladent dans la tête... C'est ça, la paresse du jardinier. Est-il contemplatif ou paresseux ? Ou bien ces deux mots sont-ils synonymes ?

S'inspirer des alentours

Jardin campagnard, jardin de curé? Ce sont de bonnes options, mais dans les régions à étés chauds et secs, réservez une grande place aux surfaces minérales et aux «plantes chameaux».

Ça pousse bien, près de chez vous ? Réussir un jardin, c'est mettre en scène des plantes qui correspondent à ce que l'on aime, avec l'assurance d'avoir des végétaux en pleine santé. Afin que les plantes donnent le meilleur d'elles-mêmes, choisissez-les en fonction de ce qui pousse dans la nature environnante et se développe bien dans les jardins voisins.

Les plantes n'acceptent pas de vivre n'importe où. Si l'emplacement, le sol et le climat ressemblent à leur biotope d'origine, elles s'installent sans difficulté, grandissent en harmonie, avec un minimum de soins.

Pour faire votre choix, observez autour de vous, sillonnez plaines et garrigues, chemins et villages alentour, en passant discrètement le bout du nez dans les jardins du coin. Prenez notes et photos, fréquentez les jardineries proches, dialoguez avec le pépiniériste du pays. Il sera de bon conseil concernant les espèces qui se plaisent dans votre région.

Visiter les jardins, privés ou publics, de votre département est la meilleure école qui soit. Les adresses de ces lieux, ouverts régulièrement ou bien sur rendez-vous, sont à découvrir dans les revues de jardinage ou dans des livres-guides. Il en existe pour tout l'Hexagone, et par régions, lorsqu'elles sont riches en jardins.

Composez votre jardin avec le maximum de flore locale – genêts, sureaux, noisetiers, bruyères, aubépines... –, en ajoutant des végétaux cultivés qui se portent bien chez vos proches. Des plantes qui demandent peu d'entretien, sont exemptes de maladie et poussent facilement, ça existe! À vous de sélectionner les bonnes variétés. Si vous craquez pour des plantes plus étonnantes, faites-le, mais avec parcimonie.

Commencez toujours le jardin par la haie, en l'intégrant au paysage. Puis, continuez l'aménagement, en choisissant des arbres qui tiennent compte des mêmes critères. Ensuite, plantez les buissons et les vivaces, en vous laissant guider par vos envies, mais en favorisant les valeurs sûres. Un jardin peut être composé entièrement d'arbustes, puisque les plus petits mesurent quelques centimètres et les plus grands peuvent dépasser 5 m de haut. Et la plupart ne demandent pas de coupe, ou si peu.

REGROUPEZ VOS «CORVÉES»

Il y a des tâches indispensables à prévoir au fil des mois. Le plus simple est de les grouper. Prévoyez un week-end en fin d'hiver pour les tailles et plantations, un autre au milieu du printemps pour les semis et autres tailles, puis un autre fin juin pour préparer le jardin à l'été. Sans oublier les «corvées-plaisir» comme les récoltes et confitures...

En pratique

Vivez avec ce qu'il y a déjà, quitte à supprimer ce qui demande trop d'entretien ou que vous n'aimez pas, tirez parti des plantes existantes, puis étendez progressivement les espaces cultivés : voici votre but. Plantez par touches, d'année en année, afin de ne pas vous laisser envahir par trop de travail au départ!

Cotonéaster au jardin.

Démarrer un jardin de week-end

Les plantes sans souci

Prêtes à surmonter des hivers rigoureux et des étés torrides, capables de pousser en tous sols ou presque, certaines plantes sont indispensables au jardinier du dimanche. De vraies plantes tout terrain n'ayant peur de rien, généreuses, faciles à vivre. Parfois modestes, toujours fidèles, elles résistent à de grandes amplitudes thermiques, acceptant sécheresse ou abondance d'eau.

Ces plantes fréquentent les jardins année après année si, au départ de leur végétation, une belle dose d'attention leur est accordée : bonne exposition, plantation soignée, sans oublier un arrosage surveillé juste le temps qu'elles établissent leurs racines. Un bon paillage est indispensable pour conserver la fraîcheur, mais aussi pour nourrir le sol.

Même si on aime la nouveauté, il ne faut pas la chercher à tout prix, et de bonnes plantes classiques ayant fait leurs preuves existent en tellement de cultivars et en de si nombreuses couleurs, que l'on ne peut être à court d'idées pour composer de nouveaux massifs. Sélectionnez des variétés qui ne demandent que peu de soins afin de pouvoir avoir de belles floraisons et de belles récoltes.

La haie, écrin de votre jardin, est l'une des priorités à installer pour vous sentir chez vous. Imaginez-la variée, attractive, voire gourmande, autant pour vous que pour les oiseaux et les papillons.

Parmi les couvre-sol increvables, pensez aux bergenias, aux pervenches, aux symphytums, aux lamiums, aux campanules des murailles... Avec ces vivaces, à disposer un peu partout, pas de souci : géraniums, euphorbes, iris, sedums, hémérocalles, hellébores, alchemilles, brunneras, marguerites, pivoines, ainsi qu'un grand nombre de graminées.

Pourquoi oublie-t-on si facilement les bulbes ? Ipheions, tulipes botaniques, narcisses, cyclamens et autres crocus forment des rondes se naturalisant facilement.

Un chèvrefeuille, une renouée, un lierre, un rosier liane, une glycine partant à l'assaut d'un arbre ou d'une clôture, voici charme et naturel pour la vie...

Afin de donner du volume à votre univers, optez pour des hortensias et autres hydrangeas, pour des choisyas, des cotonéasters, des sureaux...

Quelques potées, est-ce possible ? La vie en pot n'est pas toujours simple pour les plantes, et pourtant, certaines résistent malgré vos absences : ce sont de bonnes natures! Installez des joubarbes, des sedums...

Au potager, optez pour des espèces pérennes : il y a un grand nombre de légumes vivaces, à récolter en toutes saisons, même en hiver comme le chou de Daubenton et les poireaux sauvages. Sans oublier les fraisiers. Et presque toutes les herbes aromatiques.

À ÉVITER DANS UN JARDIN DE WEEK-END

Bannissez la grande pelouse traditionnelle : vous passeriez vos week-ends à la tonte! Il y a de belles alternatives. Comme laisser la flore sauvage s'installer en prairie et tondre des allées pour pouvoir s'y promener. Ou bien planter des couvre-sol. Ou encore laisser le trèfle et les pâquerettes gagner le gazon existant.

Ne craquez jamais pour des plantes qui craignent le froid : vous ne serez peut-être pas là au moment de les protéger du gel.

Allées, chemins, sentiers...

Indispensables, ils donnent aussi beaucoup de personnalité au jardin, suivant leur tracé et le matériau employé pour leur composition.

Souvent, une allée se dessine d'elle-même, suivant les passages réguliers menant à un point stratégique du jardin. Si elle n'est qu'ébauche et qu'elle est élégante, pourquoi ne pas la matérialiser, en conservant sa forme spontanée et pratique ? Minuscule ou plus importante, cette sente va donner un air nouveau et pimpant au jardin.

Pour mieux la visualiser, marquez-la à l'aide de pierres, de piquets, de cordes, d'un dessin à la craie... En principe, sa largeur tient compte du passage d'une brouette. Mais si ce chemin n'a aucune utilité pratique, vous pouvez le faire très étroit, juste pour le coup d'œil, pour donner de la profondeur ou mener à une plante spectaculaire. Pour chacune des étapes de l'aménagement, du début à la fin, vérifiez si l'emplacement convient de tous les endroits du jardin et de la maison. S'il y a des étages, n'hésitez pas à les grimper, pour appréhender l'ensemble.

Sol, exposition, climat

Le sol

Il est indispensable de connaître le sol de votre jardin, avant d'installer des végétaux. S'il y a sur le terrain des plantes qui se portent bien, sauvages ou déjà installées, c'est la meilleure indication qui soit. Copiez... S'il est bien équilibré, tout y pousse! Calcaire, acide, sablonneux, argileux ? Si vous n'êtes pas sûr de vous, procurez-vous en jardinerie un test d'analyse.

Pratiquement toutes les plantes conseillées dans cet ouvrage se contentent d'un sol ordinaire. Lorsqu'il y a des particularités, elles sont bien indiquées.

QUELQUES GÉNÉRALITÉS :

On ne plante pas en sol calcaire des végétaux acidophiles. Si vous avez des envies irrépressibles de rhododendrons, de piéris, de magnolias ou de camélias, ne craquez que si votre sol est acide, c'est-à-dire lorsque le pH est inférieur à 7 ou, à la limite, neutre, juste à 7 de pH : vous ajouterez alors de la terre de bruyère et un bon terreau de feuilles à la plantation, et renouvellerez l'opération chaque année. Si la terre est calcaire, renoncez à ces plantes, au risque de les voir dépérir rapidement, alors qu'installées au bon endroit elles vont prospérer.

Faites analyser votre terre et observez les plantes sauvages qui poussent alentour. L'aubépine, les ronces, le sureau, l'anémone des bois, la fraise des bois, la marguerite des champs, l'oseille, le plantain, la ficaire, le silène, le pissenlit poussent en sol acide.

Les végétaux aimant un sol drainé – sablonneux ou caillouteux – vont pourrir rapidement dans les endroits les plus humides du jardin.

Cultiver dans un sol sain paraît évident. Il est bien entré dans les habitudes – enfin presque! – que l'utilisation de désherbants et de pesticides, véritables poisons pour la vie souterraine comme pour la petite faune et nos nappes phréatiques, est bannie. Ces produits ont, pendant des décennies, détruit la terre en la transformant en un élément quasi stérile.

Ce qui est moins clair, c'est le travail du sol : il faut le laisser aux organismes vivants, végétaux et animaux, qui l'enrichissent en permanence. Ne le retournez pas profondément, car «bêcher à 2 fers de bêche» fait remonter à la surface ces organismes qui meurent en arrivant à l'air libre. Si vous souhaitez remuer la terre en douceur, adoptez la bêche écologique. Cette fourche plate à deux manches permet d'attendrir le sol sans le chambouler, donc sans détruire la faune microbienne.

L'important, c'est que l'eau pénètre, que les graines lèvent facilement et que les racines des plantes puissent s'étaler sans souci.

Favorisez la venue de toute cette vie souterraine en appliquant régulièrement des paillages sous lesquels ils vont cocooner à loisir, se nourrir et vaquer. Ne laissez jamais le sol nu entre deux cultures, couvrez les parcelles, paillez le pourtour des végétaux avec des matériaux d'origine végétale. Le paillage était, à l'origine, de la paille hachée finement, mais utilisez ce que vous avez au jardin : l'or des jardiniers – les feuilles mortes –, les tontes de gazon, le bois broyé... Le paillage ne doit pas être enfoui, afin que le processus naturel de décomposition se mette en place et que le sol s'autofertilise en continu.

L'exposition

Pour chaque plante présentée, l'exposition étant conseillée, il ne tient qu'à vous de définir si l'endroit où vous allez la planter est à l'ombre, au soleil ou à mi-ombre.

Tout dépend de la journée ? Nous sommes certainement dans une mi-ombre.

Mais si l'ombre n'est présente que le matin ou le soir, et qu'en plein midi, la parcelle est en plein soleil pour plusieurs heures, il faut alors considérer que vous allez planter au soleil. Tout est affaire de bon sens. Donc, à vous de juger...

Le climat

Les végétaux de moyenne rusticité sont réservés aux jardins de bord de mer et du Midi. Ailleurs, surtout en climat continental, pour les jardins de week-end, n'adoptez que des plantes très rustiques.

Le climat peut être différent, dans un même département, suivant les zones. Si ce département longe le littoral, il peut y avoir jusqu'à 5 °C à 8 °C de différence en plein hiver, entre une ville sur la côte et une ville à 50 km dans les terres.

- **La Provence** s'étend de la rive gauche du Rhône à la Méditerranée : il est évident que l'on n'installe pas les mêmes plantes dans les Alpes qu'à Menton.
- Lorsqu'on évoque **la Normandie**, c'est le climat humide qui prévaut. Mais la Normandie, c'est aussi le Cotentin, qui, balayé par le Gulf Stream, offre une terre d'asile à des plantes exotiques nées en Afrique du Sud, au Chili, en Tasmanie, en Nouvelle-Zélande ou au Mexique.
- **Quant au climat continental,** il est «dur» pour les plantes, car très froid en hiver et très chaud en été.
- **Le vent, l'humidité ambiante, les pluies plus ou moins fréquentes,** tout influe sur les végétaux!

La plantation

Soigner la plantation est un gage de réussite. Préférez les plantations automnales pour les arbustes, les rosiers, les arbres fruitiers, les vivaces. Ils auront tout l'hiver pour s'installer et souffriront moins de la sécheresse en été.

Pour les arbustes, arbres, rosiers... Préparez soigneusement le trou de plantation. 50 cm en tous sens étant un minimum pour les arbustes. Plus les racines ont la place de s'étendre, plus la plante pousse vite. Griffez bien le fond, incorporez du compost à la terre d'origine. En cas de sol sec, versez un seau d'eau au fond du trou, avant l'installation.

Si l'arbuste est en conteneur, faites tremper ce dernier pendant quelques heures dans un seau d'eau. La plantation peut avoir lieu toute l'année, hors période de gel ou de grosse chaleur. S'il est à racines nues, habillez-le, c'est-à-dire coupez quelques centimètres de racines et pralinez-les avec du pralin du commerce ou une boue faite de terreau et d'eau. La plantation à racines nues a lieu de novembre à mars, s'il ne gèle pas. Arrosez, même s'il pleut. Paillez. Arrosez dès avril, et 2 fois par mois jusqu'en octobre pendant l'année qui suit la plantation.

Si l'arbuste à planter est déjà de belle taille, surtout s'il est mené sur tronc, il peut être nécessaire de le tuteurer, car tout nouvellement installé, il manque d'assise face au vent. Idem pour les arbres. Placez un tuteur, en le glissant le long de la motte. Positionnez-le légèrement décalé par rapport au centre, car il doit être à une dizaine de centimètres de distance du tronc. Ce tuteur pourra être retiré au bout de 3 ans, lorsque les racines seront capables d'assurer la plante. Vérifiez régulièrement que les attaches ne serrent pas le tronc, au fil de la croissance. Enfoncez-le, à l'aide d'une masse, puis rebouchez. Tassez fortement avec le pied, arrosez. Attachez le tronc au tuteur.

Pour les vivaces, procédez de la même façon, le trou de plantation étant alors de 20 à 30 cm en tous sens.

Pailler pour limiter, voire éviter, les arrosages

Paillez les plantes nouvellement installées. Et paillez toutes celles qui aiment la fraîcheur! L'arrosage est bien souvent un casse-tête : manque de temps, absence prolongée... Recouvrir le sol avec des matériaux d'origine végétale conserve l'humidité plus longtemps. Mais le paillage est bien plus utile encore. Indispensable en été, il est recommandé toute l'année. À chaque fois que vous plantez vivaces ou arbustes, arrosez, puis paillez. Et renouvelez le paillage régulièrement. Il limite les phénomènes d'érosion provoqués par la pluie, réduit le dessèchement occasionné par le vent et le soleil, et ralentit la pousse des mauvaises herbes. Il protège les sols des agressions climatiques et, en se décomposant, il les restructure, leur apporte des éléments nutritifs et favorise le développement des micro-organismes. Il donne du corps aux sols sablonneux. Isolant thermique, il assure une chaleur plus régulière, donc une croissance plus continue.

- **Quand pailler ?** Vous pouvez appliquer le paillage toute l'année, lorsque vous avez le temps, de préférence fin avril-début mai pour limiter la pousse des nouvelles herbes, fin juin, avant l'arrivée des grosses chaleurs ou juste avant l'hiver.

- **Quel matériau choisir ?** À l'origine, le paillage était composé... de paille. Mais il peut être fait de tontes séchées, de paillettes de lin ou de chanvre, de sarrasin, d'écorces de pin (attention, seulement autour des plantes de terre de bruyère), de copeaux de bois, de cabosses de cacao concassées... sans oublier la fameuse paille hachée, et le broyat d'arbustes.

▪ **Quelle épaisseur ?** L'épaisseur du paillis dépend des cultures. Comptez 10 à 15 cm pour les arbustes, 4 cm pour les vivaces et 2 cm pour les cultures rapides du potager et les annuelles.

COMME EN FORÊT
En forêt, vous avez déjà remarqué ce si beau terreau. Le paillage ne fait qu'imiter la nature où le sol n'est jamais nu. Feuilles mortes, débris végétaux en tout genre et herbes diverses jonchent le sol, l'enrichissant sans cesse.

Un suivi facile

S'amuser en jardinant

Un jardin à entretenir, c'est un loisir à part entière. Même si jardiner est un méli-mélo d'activité physique, d'amour de la nature, de passion, de devoir, de rentabilité, il ne faut pas oublier qu'on peut et qu'on doit y passer du bon temps. Le désherbage, amusant un temps, finit par vous agacer au bout d'une heure ? Rien de plus normal. Jardiner ne doit jamais être une corvée. Dès que la fatigue, l'ennui, un mal de dos ou simplement la lassitude, apparaît en accomplissant une tâche, changez d'endroit ou carrément de travail. Attaquez-vous à la taille de la haie ou encore à la plantation des petites merveilles rapportées d'une expo. Puis pensez arrosage, tuteurage ou n'importe quelle autre action. Ou bien concoctez une potée, faites un bouquet...

Regardez autour de vous : le jardin est un lieu de vie où papillons, insectes, oiseaux et toute une faune quasi invisible sont là pour vous distraire. Et surtout, baladez-vous sans fin : ce n'est jamais du temps perdu car, ainsi, vous repérez les petites retouches à apporter dans un massif, d'éventuelles maladies, une invasion de pucerons, les manques en eau, les besoins en végétaux ou les besoins des végétaux. Froissez une feuille d'aromatique, grignotez un fruit, puis remettez-vous au travail. À moins que... vous vous attaquiez à l'étiquetage... Voici une tâche bien reposante : vous êtes «obligé» de vous asseoir, non seulement pour écrire, mais aussi pour consulter un livre de référence afin de ne pas faire de faute dans le nom. Tous les prétextes sont bons...

Une organisation au top!

Le jardin de week-end exige une bonne organisation pour ne pas se laisser dépasser et maîtriser au mieux.

Bien gérer le calendrier des travaux, c'est indispensable. Anticipez les tâches saisonnières pour ne pas vous laisser surprendre par un impondérable, empêchement quelconque, météo déplorable ou autre. Plus que n'importe quel jardinier, celui qui n'a que le week-end de disponible est dépendant des aléas climatiques. Si le temps est clément, il est préférable de ne pas remettre au lendemain une tâche qui peut être accomplie tout de suite.

Pour ne pas être débordé, pour que chaque action jardinière soit effectuée au bon moment, tenez un livre de bord, c'est une aide précieuse!

Lors de l'agencement d'un jardin, le jardinier passe par diverses phases : jubilation, fierté, déboires, succès et échecs. Transcrire sur un cahier ses émotions et ses réussites, noter les conseils lus et entendus, consigner les erreurs à éviter, coller les photos de l'évolution d'un massif, voici un procédé pratiquement indispensable. L'année suivante, ces notes seront très utiles. Et quel plaisir de se plonger, quelques années plus tard, dans ce cahier illustré de photos qui montrent l'évolution du jardin.

Inscrivez les dates de semis, de plantation et des récoltes, les adresses des pépiniéristes où vous faites vos achats. Consignez le nom exact des plantes rares, les incidents culturels, afin d'y remédier dans les mois à venir. Laissez-vous aller à quelques états d'âme : énervez-vous après les vilaines bestioles qui envahissent votre rosier préféré, narrez le parfum de ce divin pois de senteur.

Quelques dates obligatoires

Prévoyez quelques week-ends indispensables afin d'être plus «cool» le reste du temps. Certains gestes récurrents ne peuvent être négligés au fil des mois sous peine de voir le jardin se transformer en terrain vague : un rappel n'est pas négligeable!

En mars

En mars, la taille, c'est important! Prévoyez un week-end complet car c'est certainement là où vous allez effectuer le maximum de tâches.

Pour la plupart d'entre nous, une année de jardinage commence en mars, avec l'arrivée du printemps. C'est le moment de l'excitation car tout pousse, c'est l'instant des grandes décisions et la période où les travaux sont fort nombreux. Un planning est nécessaire, dans votre tête si vous avez de l'expérience, ou par écrit si vous débutez.

Si la nature s'éveille à toute vitesse, le jardinier raisonnable se veut prudent, des froids rigoureux pouvant encore se produire.

VOICI DES GESTES CONSEILLÉS, MALGRÉ LES ALÉAS DU TEMPS :

- Mars est un mois de semis, au potager et au jardin d'ornement. En pleine terre, semez les annuelles rustiques : soucis, nigelles, cosmos, pavots de Californie, pois de senteur, etc.

- Installez des plants de salade achetés sur le marché.

- Procédez à la grande toilette du jardin, en taillant les hortensias, les arbustes ayant fleuri cet hiver, les rosiers remontants et les arbustes à floraison estivale, comme les buddleias ou l'arbre à faisans. Rabattez les vivaces, car les nouvelles pousses arrivent. Désherbez les massifs, mais avec délicatesse : des semis spontanés intéressants sont certainement en train de voir le jour.

- Divisez les grosses touffes de vivaces et plantez de nouvelles venues, qui fleuriront en été et en automne.

- Achevez l'installation des arbres, arbustes, fruitiers, petits fruits et rosiers à racines nues.

- Tailler un arbuste semble une opération délicate au jardinier débutant. Pourtant, avec du bon sens, de la logique et du feeling, cette tâche n'est guère complexe. Et puis, un coup de sécateur malheureux se rattrape l'année suivante! Buddleias, potentilles, céanothes d'été et certains hydrangeas se taillent maintenant, car ils fleurissent sur le bois de l'année.

- Taillez aussi les arbustes à floraison hivernale, sans excès, pour leur donner une forme élégante et pour qu'ils restent bien ramifiés. Mieux formés, ils sont plus florifères et vivent plus longtemps. Appelons cette opération plutôt «un nettoyage», pour aérer les plantes et éviter que les branches s'emmêlent. Une plante trop touffue où les tiges s'enchevêtrent accueille facilement maladies et nuisibles.

C'est aussi le moment de recéper, c'est-à-dire tailler au ras du sol, un arbuste qui se dégarnit de la base : un noisetier, par exemple, se trouve bien de cette coupe, à pratiquer tous les cinq ou sept ans. À l'entrée de l'été, il aura produit de nouvelles branches, capables d'atteindre deux mètres de haut.

N'oubliez pas les topiaires et les sous-arbrisseaux, comme les sauges officinales, les thyms ou les teucriums.

La taille des hortensias et autres hydrangeas

Les bourgeons gonflent, se déplient et, dans les régions à climat doux, les feuilles sont déjà bien grandes : il est temps de s'occuper des hortensias et de leurs petits cousins! Les hortensias ne se taillent pas obligatoirement avant l'hiver, au contraire. Leur somptueux feuillage d'automne, les fleurs séchées qui habillent le jardin à la mauvaise saison et protègent les bourgeons printaniers, amènent à une taille en mars.

Mais qu'appelle-t-on hortensia ? L'hortensia à fleurs en boule, le grand classique, tel que nous le connaissons depuis le XVIIIe siècle, arrivé d'Asie, est un hydrangea. *Hydrangea macrophylla*. Et le genre *hydrangea* contient de nombreuses espèces et cultivars qui ne se taillent pas de la même façon.

Il y a différentes sortes de végétation. Les *Hydrangea macrophylla* – dont les hortensias classiques et ceux à fleurs plates –, les *serrata*, sans oublier l'hydrangea à feuilles de chêne, forment leurs inflorescences sur le bois de l'année précédente. Les autres fleurissent sur les tiges de l'année.

- **Pour les premiers,** taillez les inflorescences desséchées, en coupant la tige juste au-dessus de la première paire de gros bourgeons apparue en dessous. Coupez le plus près possible, pour ne pas laisser de moignon. Attention, ne coupez que ce qui a fleuri l'an passé puisque les fleurs qui s'épanouiront cet été sont déjà nées sur les autres branches, même si on ne les voit pas. Éliminez tous les rameaux secs et morts. Rabattez à 10 cm du sol une ou deux branches anciennes, les plus grosses, pour favoriser la venue de nouvelles : ainsi, au fil des ans, la plante se régénère et reste jeune.

▪ **Les seconds,** – *Hydrangea arborescens* (dont la star 'Annabelle'), *Hydrangea paniculata* et leurs nombreuses variétés, entre autres, fleurissent sur le bois de l'année, sauf exception, précisée par le pépiniériste lors de l'achat. Si la taille est nécessaire, elle peut se faire sur toutes les branches, en mars. Pratiquez-la si l'arbuste n'est pas suffisamment ramifié, en coupant chaque rameau du tiers ou de moitié, en équilibrant la forme. Il fleurira 3 mois plus tard.

Lorsque l'arbuste est bien formé, à vous de choisir : une forte taille annuelle donne de grosses fleurs. Peu de taille ? Les fleurs seront plus petites, plus naturelles.

Et les rosiers remontants ?

C'est le moment de les tailler, mais... mais...

La taille des rosiers fait toujours autant couler d'encre! Et pourtant, avec un méli-mélo de logique et de feeling, assaisonné de quelques conseils, cette opération est très simple. Chaque rosier a une personnalité, une façon de pousser : il faut répondre à ses désirs, en le laissant en liberté... surveillée!

Fin février à début mars, entreprenez les tailles. Commencez par les arbustes remontants, ne touchez pas aux non-remontants : les boutons sont déjà formés même si vous ne les voyez pas. Ils doivent avoir une charpente équilibrée. Si c'est le cas, un simple nettoyage suffit. Enlevez les branches mortes ou malades, les chétives, toutes celles qui poussent vers le cœur du rosier.

QUE FAIRE DE CES BRANCHES COUPÉES ?
Si vous n'avez pas encore de broyeur et que vous avez l'intention d'en acheter un, c'est le moment. Toutes ces tailles, broyées, vont donner un excellent paillis à disposer au pied des arbres, des arbustes et des vivaces. Évitez d'en appliquer autour des annuelles ou dans le potager car il ne se désagrège pas assez vite pour des cultures saisonnières.

S'il n'y a que 3 branches raides avec une fleur au bout, rabattez fortement, toujours au-dessus d'un œil extérieur, pour favoriser l'arrivée de ramifications. Faites de même si les branches sont faibles. À l'automne, ne pratiquez qu'une petite taille de nettoyage pour redonner une forme agréable et pour enlever les fleurs fanées... sauf si de jolis fruits se préparent.

Pour que vos rosiers grimpants fleurissent bien, enlevez un cinquième des tiges qui partent des branches principales en février-mars pour les remontants. Ne touchez pas aux lianes. Sur tous, ôtez le bois mort. Tous les ans, supprimez une vieille branche, celle qui fait du vieux bois. Cela rajeunit votre rosier en douceur.

MAIS SI VOUS SUIVEZ LE CONSEIL QUI SUIT...
Pour une taille pratiquement inexistante en mars, il vous faudra toute l'année, à chaque fois que vous ôtez les roses fanées et dès qu'une branche vous semble déséquilibrée, tailler et rectifier. Taillez sous 2 ou 3 feuilles, juste à 1 cm au-dessus d'un œil. Prenez soin de couper systématiquement au-dessus d'un œil extérieur, sinon les nouvelles branches poussent vers l'intérieur. Du cœur du rosier, c'est-à-dire du centre, les branches doivent partir régulièrement. Aucune ne doit se croiser.

En mai

Taillez les arbustes ayant fleuri au printemps, mais sans excès! Laissez-leur une forme libre... C'est surtout une taille de nettoyage, pour ôter les branches abîmées.

Si vous aimez les dahlias, installez ces bulbes en pleine terre, ainsi que des lis.

Fin juin

Au jardin d'ornement, les plantes installées depuis plusieurs mois sont capables de se passer d'arrosage en été. Paillez les végétaux qui aiment la fraîcheur ainsi que ceux nouvellement plantés.

À vos sécateurs, avant le plein été !

En cette période pré-estivale, les tailles à effectuer sont encore nombreuses, aussi bien au jardin d'ornement qu'au verger.

Terminez rapidement les tailles des arbustes ayant fleuri cet hiver ou au printemps. Dans un mois, ils commenceront à préparer leurs boutons pour l'an prochain et vous ne pourrez plus y toucher sans risquer de compromettre la future floraison. Ne pratiquez pas une coupe drastique : éliminez les branches disgracieuses, tout en laissant libre cours à la silhouette des plantes.

Nettoyez les rosiers de leurs fleurs fanées (sauf si ce sont des rosiers non remontants qui vont former des fruits décoratifs en automne) en coupant sous 2, 3, voire 4 départs de feuilles, toujours avec un œil tourné à l'extérieur par rapport au centre de la plante. Profitez-en pour rectifier le port en taillant court une branche trop raide ou peu fournie. Cette taille régulière, pratiquée tout au long de l'année sur les rosiers remontants, permet le renouvellement de la floraison et surtout vous évite la taille, corvée pratiquée traditionnellement en mars.

Après la floraison, taillez les rosiers non remontants, sauf s'ils donnent de beaux fruits en automne.

Quels soins apporter aux vivaces ? Peut-on en adopter de nouvelles ?

Sur les étals des jardineries, chez nos pépiniéristes et dans les fêtes de plantes, les tentations sont fortes! L'été approche et beaucoup de vivaces sont à leur apogée. De belles potées de vivaces en fleurs nous narguent. Les planter maintenant sous-entend des soins particuliers. L'idéal – et cette opération va faire grincer les dents de la plupart d'entre nous – est de couper les fleurs et les boutons de certaines, comme les delphiniums, pour que la plante s'installe bien, fasse de nouvelles racines au lieu de mettre toute son énergie à s'épanouir.

La seconde étape consiste en un suivi régulier en arrosage jusqu'à fin septembre, après avoir appliqué un bon paillage. Si vous passez de longues vacances dans votre jardin, c'est possible. Sinon, abandonnez toute velléité de plantation en ce moment.

Les vivaces déjà en place

Toutes celles qui ont fleuri en fin d'hiver ou au début du printemps peuvent être multipliées. Celles qui sont en pleine floraison depuis le milieu du printemps vont marquer, fin juin, un net ralentissement, voire une fatigue, avec des fleurs moins nombreuses, parfois même devenues inexistantes, et un feuillage jaunissant. N'hésitez pas à les rabattre pour susciter l'apparition de feuilles fraîches et, pour certaines, d'une nouvelle floraison : géraniums, marguerites ou lupins, par exemple. Coupez les fleurs fanées régulièrement.

Les vivaces de fin d'été et d'automne, comme la plupart des asters et des chrysanthèmes des jardins, n'ont pas encore de boutons. L'an passé, si vous les avez trouvées trop hautes, même dégingandées, c'est le moment de couper les tiges de moitié : elles vont se ramifier en se nanifiant.

En principe, toutes ces plantes bien installées n'ont pas besoin d'arrosage, sauf celles qui aiment vraiment la fraîcheur, bien que certaines remontent mieux si elles ont un peu d'eau lors de grosses chaleurs, tel le brunnera.

POUR LES JARDINIERS IMPATIENTS

Si les vivaces mettent souvent 1, 2 ou 3 ans pour donner le meilleur d'elles-mêmes, certaines poussent aussi vite que des annuelles. Si vous avez besoin de fleurir rapidement un coin ensoleillé, plantez dès maintenant des gauras : 2 mois plus tard, le jeune plant formera une touffe adulte.

Au verger, la taille en vert est un bon moyen de comprendre ce que l'on fait. Elle se pratique de juin au début d'automne. Elle s'effectue, avec facilité, quand les plantes portent leurs feuilles. C'est surtout la vigne qui est concernée par cette technique, le soleil n'étant plus voilé par le feuillage, il permet aux grappes de mûrir plus facilement. Comme l'aération est facilitée, les maladies, comme le mildiou, n'ont plus envie de s'installer.

Cette taille en vert se pratique aussi sur les actinidias (kiwis), sur les groseilliers, les cassissiers : elle permet de juguler leur ampleur et invite les rayons du soleil à s'infiltrer entre les branches.

En septembre

C'est le temps de la folle activité jardinière : entre la reprise du travail et la rentrée scolaire, le jardin semble secondaire. Et pourtant, il faut le reprendre en main, après l'été, et sans tarder!

L'automne est presque là, avec ses couleurs attrayantes et ses nombreuses récoltes : oubliez la chaise longue. Il y a pratiquement autant de tâches à faire en septembre qu'au tout début du printemps. Cueillettes, arrosages, taille des arbustes dont la floraison estivale s'épuise, suppression des roses fanées pour espérer une remontée avant l'arrivée des gelées...

- Au potager, c'est le bon moment pour planter, dans une terre riche en humus, de nouvelles lignes de fraisiers. Vous récolterez des fruits dès le printemps prochain. Semez de la mâche à mi-ombre : avec les nuits fraîches, les jeunes plants se passeront d'arrosage pendant votre absence.

- **Au jardin d'ornement,** c'est une grande saison de plantation. Arbustes en conteneur et vivaces, qui auront le temps de s'installer avant l'hiver, et, bien sûr, toutes les bulbeuses à floraison printanière. Choisissez des bulbes de gros calibre, pour une belle végétation et préférez peu d'espèces, mais en plus grand nombre, pour un effet saisissant. Installez quelques bisannuelles en même temps. Le mariage des tulipes avec le myosotis est toujours réussi.

La haie, c'est l'important !

Inspirée de la haie bocagère, la haie vive, colorée et vivante, met en scène des végétaux qui la rendent décorative toute l'année. Elle respecte la nature environnante, les espèces choisies s'harmonisant avec la végétation du lieu. Les petits animaux du jardin y trouvent vite refuge et nourriture. Les maladies sont rares : plus il y a de la diversité au jardin, moins il y a de parasites.

Les plantes se mêlent, arborant des brassées de branches fleuries. Les couleurs changent au rythme des saisons, renouvelant les plaisirs tout en formant un écrin protecteur. Et, surtout, elle ne demande pratiquement aucun entretien.

FUYEZ L'UNIFORMITÉ

L'attrait, et la difficulté, c'est de bien choisir ses végétaux, pour que la haie soit jolie toute l'année. Ensuite, c'est un bonheur : les plantes se mêlent, foisonnantes. Les couleurs changent au rythme des saisons, renouvelant les plaisirs tout en formant un écrin protecteur. Les petits animaux du jardin y trouvent vite refuge et nourriture. Les maladies sont rares : plus il y a de la diversité au jardin, moins il y a de parasites.

La haie naturelle & ses plantes de choix

Une haie naturelle... qui vit toute seule

Colorée, vivante, gaie, une haie mélangée incarne un jardin à elle toute seule. Dans un tout petit espace, elle permet d'installer plusieurs arbustes à fleurs qui n'auraient pas leur place dans le jardin proprement dit.

Brise-vent, écran, paravent : la haie vive est un gage de biodiversité. Pour entourer un jardin familial, faites votre choix parmi des arbustes mesurant, adultes, entre 2 à 4 m. En échelonnant les floraisons, pour avoir des fleurs douze mois sur douze, en optant pour des ports diversifiés, en sélectionnant un persistant pour trois ou quatre arbustes, et en tenant compte de la couleur des feuillages et des fleurs, la réussite sera totale.

La composition d'une haie vive ne se fait pas à la légère. Elle conditionne le style du jardin et s'installe pour la vie. Choisissez des arbustes à ports diversifiés, pour plus de vie et de mouvement. Une forme ronde à côté d'une forme érigée, puis une souple...

Dans un terrain bien nettoyé, creusez une tranchée de 70 cm en tous sens. Décompactez parfaitement le fond. Coupez légèrement les racines des arbustes à racines nues, puis pralinez-les.

Faites tremper ceux en conteneur pendant une heure, avant la plantation. Mettez, au fond du trou, un mélange terre et compost. Positionnez les arbustes tous les mètres en moyenne. Rebouchez en tassant bien la terre avec le pied pour éviter les poches d'air autour des racines, arrosez abondamment.

Si vous installez les arbustes en plusieurs étapes, préparez bien le sol, en faisant des trous de 3 fois le diamètre du conteneur, tous les mètres (pour une haie, on plante plus serré qu'en massif). Apportez trois poignées de compost pour chaque arbuste. Faites tremper les mottes dans un seau pendant 5 minutes. Sortez les plantes du conteneur, plantez, juste au ras du collet, rebouchez soigneusement. Tassez, puis arrosez abondamment. Paillez, pour empêcher la venue des herbes indésirables et conserver la fraîcheur. Feuilles mortes, lin, cosses de cacao ou de sarrasin, broyat de branches.

Pour installer des plantes couvre-sol, attendez une année, afin que les arbustes soient racinés. Arrosez bien la première année de plantation, dès que vous êtes présent au jardin. La taille se déguise en plaisir si vous faites des bouquets toute l'année, en équilibrant les silhouettes... Sinon, une taille légère par an suffit, suivant la végétation de chaque arbuste, en allégeant la ramure des plantes trop vigoureuses qui «mangent» les voisines, et en éliminant le vieux bois.

i QUELQUES ARBUSTES À PLANTER EN HAIE :

- Grâce et souplesse, avec la ***Spiraea x vanhouttei,*** grand classique dont on ne peut se lasser, tant, en avril-mai, sa floraison éblouissante, blanche, sur des tiges arquées, est somptueuse. Le fin feuillage illumine l'automne et le début d'hiver. Elle mesure 2 m en tous sens et aime le soleil. Ne la taillez pas, afin qu'elle conserve son port léger, sauf pour la recéper si elle se dégarnit au bout de plusieurs années.

- Remarquable par son port souple et arrondi, et son coloris tonique, framboise, le **genêt 'Boskoop Ruby'** est superbe pour donner de l'envolée à une haie. Il mesure 2 m en tous sens, fleurit en mai et aime le soleil. Il existe de nombreuses autres variétés, dans des coloris très divers. Bien que poussant en tous sols, il est idéal pour les terrains sableux et les jardins de bords de mer, car il supporte bien les embruns et le vent.

▪ **Le cognassier du Japon,** *Chaenomeles japonica,* est courant dans son coloris rose orangé, mais il existe de nombreuses variétés aux teintes délicates : saumon, abricot, blanc, rose nacré, pourpre... La floraison, précoce, débute parfois en février et se poursuit jusqu'en avril. Il mesure 3 à 4 m de haut si on le laisse vivre en liberté. Trop souvent, les cognassiers du Japon sont taillés strictement, ce qui leur donne un aspect raide. Avec simplement une taille légère, ou pas de taille du tout, il grandit librement et plus élégamment.

▪ **La viorne boule de neige,** *Viburnum opulus roseum*, est courante dans les vieux jardins, grâce à sa résistance. Elle fleurit en mai et juin, mesure entre 2 et 4 m de haut, pousse en tous sols, préférant toutefois les sols argileux et tolérant le calcaire. Soleil, mi-ombre, tout lui convient. Son coloris d'automne est fastueux. Pour composer de superbes bouquets à rapporter chez vous, cueillez quelques branches lorsque les boules ont leur taille adulte, mais sont encore vertes.

▪ Feuillage et floraison sont au rendez-vous, avec **l'arbre à perruques** – *Cotinus coggygria* –, petit arbre parfait pour donner de la couleur à un jardin ensoleillé et au sol drainé. Les feuilles caduques, arrondies, translucides au printemps, rouge pourpre sombre en été, deviennent orange à partir de septembre. Les minuscules fleurs roses, groupées en longues inflorescences de 30 cm, à l'aspect de brouillard ou de fumée, durent très longtemps, à partir de juin, et sont fort intéressantes en bouquet sec. Il mesure de 3 à 4 m, en tous sens, suivant les variétés et le terrain où il pousse. Installez-le en tout sol drainé, au soleil non violent. Surtout pas de taille, car il prend de lui-même une forme harmonieuse.

Voici quelques ravissantes variétés : 'Grâce' aux grandes feuilles cuivrées, somptueuses à l'automne ; 'Royal Purple' aux feuilles très pourpres en été. 'Flame' aux fleurs roses. Il existe une autre espèce, aux couleurs et au port exceptionnel : Cotinus obovatus.

De grands rosiers, à mêler à la haie

Des rosiers arbustifs se prêtent à ce jeu lorsqu'ils allient robustesse et silhouette naturelle. Les grands rosiers vigoureux et à port bien ramifié créent des murs de verdure et closent le jardin avec naturel, charme et efficacité, grâce à leurs rameaux épineux. Choisissez des buissons à port élégant, touffus et résistant aux maladies. Comptez un rosier par mètre. Optez pour quelques espèces ou variétés, que vous disposez d'une façon aléatoire entre d'autres arbustes. Harmonisez les couleurs.

Voici quelques noms : tous les Rosa rugosa (il en existe un grand nombre) et Rosa hugonis, R. Stanwell Perpetual, R. Nevada, R. Marguerite Hilling...

Chaque rosier arbuste a une particularité. La diversité des formes de fleurs (simples, semi-doubles, chiffonnées, aux multiples pétales), la palette des couleurs, l'éventail des parfums, les teintes des feuillages, qui peuvent aller du vert chartreuse au presque bleu, en passant par le vert sombre et le pourpre, sont autant d'éléments à prendre en compte. Certaines espèces ou variétés déploient des couleurs automnales somptueuses, d'autres fructifient magnifiquement, et ceci pendant tout l'hiver.

Pour composer une haie variée, jolie en toutes saisons, choisissez des rosiers arbustifs à la végétation bien dense. Pour fermer le potager, une haie de rosiers de 1 m de hauteur suffit. Pour s'isoler de la rue, il faut choisir des arbustes de 2 voire 3 m de haut. La première et deuxième année de plantation, taillez en mars les branches qui ont tendance à pousser toutes raides, afin qu'elles se ramifient.

Ensuite, il n'y a pas de taille spécifique : faites, toute l'année, des bouquets de fleurs et de baies (appelées cynorhodons), et coupez les branches indisciplinées qui deviennent gênantes pour les passants ou qui empêchent le rosier voisin de s'épanouir.

Rosier 'Emera' en fleur.

QUELQUES AUTRES IDÉES D'ARBUSTES POUR LA HAIE :

- **Feuillages persistants :** *Photinia x fraseri* 'Red Robin', *Ligustrum ovalifolium* (troène), *Choisya ternata* (oranger du Mexique), céanothe, *Viburnum tinus* (laurier-tin)...
- **À floraison printanière :** lilas, groseillier à fleurs, seringat, forsythia, amélanchier...
- **À floraison estivale :** buddléia, *Lagerstremia indica* (lilas des Indes), *Hydrangea paniculata*...
- **À floraison automnale :** *Camellia sasanqua*, escallonia, abélia...
- **À floraison hivernale :** *Viburnum bodnantense*, *Lonicera fragrantissima*, jasmin d'hiver, *Viburnum tinus* (laurier-tin)...
- **Pour les baies :** pyracantha, cotoneaster...
- **Écorces colorées :** *Cornus alba* et ses nombreuses variétés.

Haie taillée composée de noisetier, d'aubépine, de cornouiller et d'autres arbustes indigènes.

La haie gourmande

Des fruits à cueillir tout au long de l'année, ou presque, directement dans la haie, ça vous tente ? Si vous optez pour une composition d'arbustes qui donnent des baies et des fruits comestibles, vous faites plaisir à toute la famille. Dans un grand jardin, choisissez des merisiers, des noisetiers, des sureaux, des amélanchiers, des argousiers, des *Cornus mas*, des arbousiers, des figuiers, des néfliers, des pruniers myrobolan, des lauriers-sauce, des néfliers du Japon...

Le noisetier en haie vive

Naturelle, bien équilibrée et vite adulte, une haie de noisetiers s'implante à toutes expositions. De plus, elle attire les écureuils. N'hésitez pas! Vous pouvez aussi en mêler quelques-uns à d'autres arbustes...

Les noisetiers jouent à merveille le rôle de brise-vent, tout en protégeant des regards, même en hiver, lorsque les feuilles sont tombées, grâce à leurs branches enchevêtrées. Très rustiques, ces grands arbustes s'installent aussi bien au soleil qu'à l'ombre, pourvu que le sol ne soit pas trop sec.

La mise à fruits commence dès la troisième année de plantation. S'ils peuvent dépasser les 6 m de haut, ils sont faciles à maintenir à une taille plus raisonnable. Ils n'ont jamais été coupés depuis plus de dix ans et donnent des signes de fatigue ? Opérez sans souci, recépez : même après une taille à 30 cm du sol, en janvier ou février, les nombreux rameaux vont reformer très vite une cépée dense, haute de 2 m dès l'été suivant. Pour ne pas dégarnir d'un coup le jardin, et permettre aux oiseaux qui y nichent de «déménager» dans l'arbre voisin, il suffit de procéder alternativement, sur plusieurs années. Les gaules, récupérées à chaque coupe, servent de tuteurs.

Il existe plusieurs variétés de noisetiers, de quoi composer une haie diversifiée : ports érigés ou buissonnants, feuillages verts, feuillages pourpres, fruits ronds ou pointus, petits ou gros...

QUELQUES VARIÉTÉS :

- **'Merveille de Bolwiller' :** variété traditionnelle, à gros fruits ronds et pointus mûrs en octobre.
- **'Fertile de Coutard' :** vigoureuse et productive, très parfumée, mûre mi-septembre.
- **'Purpurea' :** variété très fertile à petites noisettes mûres fin août et au feuillage pourpre, très décoratif.
- Sans oublier **les noisetiers tortueux**. S'ils sont souvent installés en isolé, afin que leur port particulier soit mis en valeur, ils ont aussi leur place dans une haie.
- **'Contorta' :** le noisetier tortueux à feuillage vert.
- **'Red Majestic' :** mesure 2 m en tous sens. Le feuillage crispé, caduc, est rouge au printemps puis, discret en été, se remarque à nouveau en automne, avec des teintes couleur feu, accompagné de ravissantes noisettes pourpres. En hiver, les chatons sont pourpres.

L'arbousier, l'arbre aux fraises

Arbutus unedo, de son nom savant, est attrayant toute l'année. Dans la nature, l'arbousier mesure de 7 à 8 m de haut et son tronc, assez court, un peu tortueux, s'exfolie en lamelles rouge brique. Les jeunes rameaux, velus, présentent également des tons brun rouge.

Les feuilles ovales, persistantes, épaisses voire coriaces, à bordure dentée, sont vert foncé luisant au-dessus, vert pâle en dessous et leur court pétiole est souvent teinté de rouge ou de rose. Optez plutôt pour la forme 'Compacta', qui ne dépasse pas 3 à 4 m de haut.

Les nombreuses grappes pendantes de fleurs, petites clochettes ivoire, s'épanouissent en même temps, souvent sur les mêmes rameaux, que les fruits, en octobre-novembre.

Ces petites boules rouges sont bonnes à déguster lorsqu'il n'y a pratiquement plus de fruits au jardin, à part les dernières poires et les kiwis. Même si leur goût n'a rien d'exceptionnel, le plaisir de grappiller ces baies charnues, rondes, à peau rugueuse, en cette saison est garanti, surtout qu'ils sont riches en vitamine C.

Cet arbuste aime un sol sableux, non calcaire et le soleil. Il est rustique jusqu'à -15 °C et résiste même à des températures de -20 °C, mais dans ce cas, les parties aériennes étant souvent abîmées, il repart de souche. Il ne fructifie bien que dans les régions à hivers doux.

Le figuier

Le figuier est un arbre qui résiste à tout, même au temps, car il peut vivre plus d'un siècle. Combien de jardins abandonnés, en friches, sont ceints de murs écroulés dans lesquels poussent de magnifiques figuiers ? Il est insensible à la pollution et aux embruns. Il y a des variétés de figuiers – on en dénombre plus de 300 – pour chaque région, même pour celles situées au-dessus de la Loire et, par un choix judicieux, vous pouvez récolter des figues de juillet à octobre, violettes, vertes ou blanches. Installez le figuier de préférence dans un endroit protégé des vents froids, dans une terre fraîche et riche, en sol léger, même calcaire. Laissé libre, il peut atteindre 4 à 5 m de haut sur autant de large.

Les figues se forment au printemps, et se récoltent de la mi-août jusqu'aux premières gelées, sur les figuiers d'automne, appelés aussi figuiers «unifères». Les figuiers bifères préparent des figues que l'on peut voir, minuscules petits pois, dès l'automne. Elles grossissent au printemps suivant et mûrissent fin juin et en juillet. On les appelle les figues-fleurs. En parallèle, se préparent celles pour la récolte d'automne. En mars ou en avril suivant les régions, supprimez les branches en surnombre qui gênent leurs voisines, celles qui ont souffert de l'hiver ou encore celles qui sont peu harmonieuses.

L'arbre aux faisans

Pourquoi retrouve-t-on l'arbre aux faisans, ce petit arbuste d'ornement, dans la haie gourmande ? Simplement parce que les baies de *Leycesteria formosa* se mangent!

Lorsqu'elles sont à maturité à partir du mois d'août, jusqu'aux gelées, elles sont brun foncé et molles, avec un incroyable goût de caramel à peine brûlé. Mariez-les à des notes vanillées, dans un entremets, sur des œufs à la neige, sur une glace ou une tarte aux pommes. Cet arbuste mesure entre 1,50 m et 2 m de haut. Il possède de jolies feuilles en forme de cœur lancéolé et des grappes où se mêlent fleurs et baies tout l'été. Cet arbuste tout gai, au port élégant, évasé, est intéressant en haie comme en fond de massif de vivaces.

Pour qu'il reste trapu, avec de jolies tiges vert céladon, en mars, rabattez-le chaque année à 30 cm du sol. Deux mois plus tard, il aura retrouvé sa taille adulte.

Le laurier-sauce, Laurus nobilis

Arbre aux feuilles aromatiques à la saveur très puissante, grâce à son feuillage persistant, vert sombre et vernissé, le laurier-sauce est attractif toute l'année. Il reste très touffu, se prêtant à toutes les tailles : pyramide, boule, sur tige... Il prend naturellement une silhouette conique, très élégante. Il fleurit en petites boules ivoire, comme du mimosa, en mai.

À l'automne, les fruits ressemblent à des olives. Il ne faut pas les consommer, car ils sont toxiques. Il résiste au froid jusqu'à -15 °C. Si un hiver rude brûle les feuilles, il suffit de couper les branches abîmées pour le voir repartir. Plantez-le au soleil, à l'abri des vents dominants, en sol profond, léger, sec, même calcaire. Il mesure jusqu'à 6 m de haut mais se prête bien à la taille.

Le sureau, Sambucus nigra

Les sureaux font partie intégrante de nos paysages de campagne. On remarque tôt ces petits arbres de 3 à 7 m de haut au printemps, car les feuilles débourrent dès la fin février. Ensuite, en mai-juin, apparaissent les grandes et très nombreuses ombelles plates, ivoire. Fin août et début septembre, ces ombelles deviennent porteuses de baies, jolies perles noires. Que vous adoptiez la plante type, ou l'un de ses hybrides encore plus décoratifs et de pousse aussi rapide, le sureau se plaît dans toute bonne terre ordinaire pas trop sèche, même calcaire, au soleil ou à ombre douce.

ATTENTION!
Lors de vos balades dans la campagne, quand vous glanez les baies de sureau, ne récoltez que celles des arbustes. Il existe un sureau herbacé dont les baies sont toxiques.

Attention, les variétés pourpres ont besoin de beaucoup de luminosité pour arborer leur feuillage aux couleurs détonantes. Ils font autant d'effet en haie libre qu'en isolé. Ils attirent les oiseaux qui dévorent leurs baies... mais les jardiniers aussi s'en délectent, les transformant en confitures. Ces baies se cueillent obligatoirement quand elles sont totalement mûres, car avant, elles sont très laxatives. Quant aux fleurs, inflorescences aux délicieuses senteurs de miel et de citron, elles parfument agréablement boissons ou desserts.

NOS VARIÉTÉS DE SUREAU PRÉFÉRÉES :

- ***Sambucus nigra* 'Gincho Purple' :** les fleurs roses se détachent sur un feuillage pourpre.
- ***Sambucus nigra* 'Madona' :** fleurs blanches, feuillage panaché, doré et vert.
- ***Sambucus nigra* 'Black Beauty' :** elle arbore un superbe feuillage presque noir orné au printemps de fleurs rose pourpré en boutons, puis rose soutenu.

Le cornouiller mâle

Cornus mas, rustique en toutes régions, fleurit jaune, sur le bois nu, en février-mars. En août-septembre, il donne des drupes vermillon, les cornouilles, délicieuses en confiture. Ce petit arbre mesure entre 3 et 5 m.

Le myrobolan

On l'appelle aussi prunier-cerise, mais son nom savant, c'est *Prunus cerasifera*. De plus en plus, ce fruitier est planté en bordure de route et, en juillet, on peut voir de nombreuses personnes en train de cueillir ces mini-prunes à la saveur délicieuse. Elles sont jaunes, roses, pourpres... Comme vous l'avez deviné, vu son emploi, ce petit arbre qui mesure entre 5 et 8 m de haut est très facile à vivre. D'ailleurs, il sert de porte-greffe pour les autres variétés de pruniers.

Ses fruits à noyaux ressemblent à de petites mirabelles. Mangez-les telles quelles, faites des confitures, des compotes ou mettez-les à macérer dans de l'eau de fruits avec du sucre, comme vous le faites pour les cerises à l'eau-de-vie.

ET D'AUTRES ARBUSTES POUR VOTRE HAIE GOURMANDE :

- **L'amélanchier** produit des petits fruits presque noirs, en mai-juin. En petit arbre, il peut donner de l'envolée à une haie de hauteur classique, ou être traité en buisson.
- **L'argousier.** *Hippophae rhamnoides*. Rameaux épineux. Baies orange en automne. Bien rustique. Fleurs discrètes en mars.

Prunier myrobolan en fruit.

- **Le néflier.** *Mespilus germanica*. Bien rustique. Grandes fleurs blanches, solitaires, en juin. Les fruits se mangent blets, en fin d'automne.
- **Le néflier du Japon.** *Eriobotrya japonica* fleurit en hiver, puis les fruits sont mûrs à la fin du printemps. Réservé aux régions où les températures ne descendent pas en dessous de -12°C.
- **Ne négligez pas les grands rosiers.** Tous les hybrides des *Rugosa* donnent de gros fruits charnus. Ne les croquez pas tels quels, car le cœur est constitué de «poils à gratter», mais la chair autour est exquise, surtout en confiture.
- **Les fruits des mahonias** se cuisinent en confiture.
- **L'aronia,** aux couleurs automnales somptueuses, produit des baies à la saveur proche de celles des cassis...
- Et si vous faisiez une barrière de petits fruits pour entourer le potager, le jardin d'aromatiques ou isoler le coin des enfants ? Installez cette haie, moins haute, se composant de petits fruits, gourmandises que l'on grappille au hasard d'une promenade au jardin et que les petits peuvent s'approprier. Groseilliers, cassissiers, framboisiers poussent partout...

POUR UNE MEILLEURE FRUCTIFICATION

Pour une bonne fructification, optez pour des variétés différentes, surtout pour les cassis, qui ont besoin d'une fécondation croisée.

1 arbre, 2 arbres, 3 arbres… et des grimpantes !

Un arbre, habitant indispensable d'un jardin, ne s'élit pas au hasard. Si donner du volume et de l'envolée est son but premier, sa taille, sa beauté, entre autres critères, sont à prendre en compte. Quant aux grimpantes, il n'y a rien de plus gracieux que des guirlandes végétales à laisser vagabonder : elles escaladent les arbres, entrelacent un arbuste ou brodent une façade de maison.

Les arbres, pour l'ombrage et le volume

Bien choisir son arbre

Ils décorent nos paysages, tout en étant indispensables à la vie grâce à l'oxygène qu'ils fournissent. Ce sont de véritables purificateurs pour l'environnement.

La pièce maîtresse, celle qui donne volume et hauteur au jardin, c'est l'arbre. Un arbre, deux arbres, trois arbres ? La taille de votre jardin va vous guider. Il peut être grand et multiple sur un grand terrain, ou de taille modeste dans un petit jardin.

L'idéal, c'est, au minimum, un grand arbre et trois arbres de taille moyenne, pour donner du volume. Si la place le permet, multipliez par trois, cinq ou sept. Ne vous trompez pas, il sera là pour des dizaines, voire des centaines d'années. Tenez compte de son envergure, de sa silhouette, de la forme du feuillage et de ses teintes au fil des saisons, de l'écorce, de la nature de votre sol, du climat et de l'effet recherché.

Pour trouver la bonne place, procurez-vous de grands tuteurs en bambou, et piquez-les à différents endroits. Regardez de tous les coins du jardin, de toutes les fenêtres, de tous les étages, pour être sûr de votre choix. C'est une action à faire à chaque étape de la construction du jardin.

Dans un mini-espace, installez un arbre de petite taille, comme l'amélanchier, le pommier d'ornement, le sureau pourpre, un érable japonais ou encore un arbre fruitier. Si votre jardin est de belle taille, peut-être y a-t-il de la place pour un chêne, un hêtre pourpre, un marronnier ou un tilleul ?

Bien planter son arbre

Prévoyez un espace en fonction de sa taille adulte. Dans le terrain bien préparé, faites une fosse de 80 cm sur 80 cm. Améliorez la terre avec du compost. Coupez légèrement le bout des racines. Pralinez. Tout nouvellement planté, l'arbre manque d'assise : un tuteur est indispensable. Positionnez-le légèrement décalé par rapport au centre, car il doit être à une dizaine de centimètres de distance du tronc, et enfoncez-le à l'aide d'une masse, avant la plantation pour ne pas endommager les racines. Positionnez l'arbre au centre, en répartissant les racines. Comblez avec la terre bien émiettée. Tassez au fur et à mesure. Égalisez le sol. Tassez à nouveau. Arrosez à fond, même s'il pleut. Attachez le tronc au tuteur à l'aide de liens extensibles spécifiques. Ce tuteur pourra être retiré au bout de 3 à 5 ans, lorsque les racines seront capables d'assurer l'arbre.

LES VOISINS

Si vous installez un arbre à proximité de la haie, plantez-le au minimum à 2 m. Si, plus tard, il dépasse, votre voisin peut vous contraindre à le tailler en aplomb de la clôture, sans avoir le droit de le faire lui-même. Chacun peut planter autant d'arbres qu'il le désire, si ces distances sont respectées, même si cela bloque la vue et empêche l'ensoleillement. Mais pour la bonne entente, ce n'est guère recommandé.

L'amélanchier

La facilité de culture et le charme de ce petit arbre font de l'*Amelanchier canadensis* un incontournable. Idéal pour les petits jardins car il dépasse rarement 5 m de haut, l'amélanchier est admirable en toutes saisons. Il ne se contente pas de déployer un port élégant et une floraison blanche, éblouissante et romantique, en mai. Sa fructification, en juin, est exquise et ravissante. Les couleurs d'automne flamboient, oscillant entre l'orange vif et le rouge pourpre. Splendide en isolé, très rustique, il ne dépare pas au verger et peut être même planté en haie s'il est recépé régulièrement. C'est au soleil doux ou à ombre légère, en sol frais, neutre ou légèrement acide qu'il est le plus beau. Les amélanches ressemblent, en juin, à des cerises noires au goût de raisin sec. Pour les savourer, surveillez-les afin de les cueillir dès le premier jour de maturité… car les merles en sont très friands!

L'arbre de Judée

Port élégant, floraison étincelante et feuillage de toute beauté : l'arbre de Judée – *Cercis siliquastrum* – convient à tous les jardins, même petits. En avril-mai, cet arbre caduc, mesurant de 5 à 8 m de haut, explose littéralement sous les fleurs rose pourpre fixées directement sur le bois nu finement marbré. Apparaissent ensuite des feuilles rondes, vert bleuté mat, devenant dorées dès septembre.

Rustique, ce petit arbre fort spectaculaire, au port pittoresque, se pare, en octobre de longues gousses plates et brunes, qui perdurent tout l'hiver. Il se plaît au soleil, en sol neutre, riche et profond.

Pas de taille si vous laissez la plante devenir un arbre. Si vous préférez qu'elle ait une allure buissonnante, taillez court, après la floraison, dès la plantation. Somptueux, *Cercis siliquastrum* 'Alba' fleurit blanc immaculé.

Le marronnier d'Inde

Même si le marronnier d'Inde – *Aesculus hippocastanum* – ressemble beaucoup au châtaignier, par cette presque similitude de fruits, ils n'ont rien en commun. Ils ne font même pas partie de la même famille.

On remarque fréquemment sa silhouette élégante dans les parcs publics, le long des routes en ville, et jusque dans les cours d'école. Il mesure jusqu'à 30 m de haut. Cet arbre qui peut vivre 400 ans arbore de très belles et grandes feuilles palmées, caduques. Au printemps, les fleurs blanches, tachetées de rose vif, réunies en longues grappes dressées sont spectaculaires. À l'automne, les bogues vertes, épineuses, laissent apparaître de grosses graines brun roux, brillantes, ressemblant aux châtaignes.

Plantez le marronnier d'Inde en isolé dans tous sols profonds et bien drainés, pas trop secs en été. Bien rustique, il peut vivre partout... sauf en bord de mer car il déteste les embruns. Il a une préférence pour les saisons bien marquées. Il existe des variétés plus décoratives, comme 'Baumannii' ou 'Pyramidalis'.

Les grimpantes, pour le charme

La bonne grimpante pour le bon endroit

Si les grimpantes adoucissent la rigueur d'une façade, s'entortillent sur les piliers, escaladent les gloriettes, on ne sait pas toujours laquelle choisir, suivant le support.

Les plantes acrobates personnalisent balcons, terrasses et jardin, comme des broderies. Mais comment savoir si elles s'accrochent seules ou s'il faut les aider ?

▪ **Les grimpantes à crampons** fixent solidement leurs tiges contre le support. Elles n'ont pas besoin de votre aide, car elles ont une puissante adhérence et s'accrochent à presque toutes les surfaces, que cela soit des murs lisses ou non, ou des troncs d'arbres. Les lierres, les hortensias grimpants, les bignones en sont des exemples…

▪ **À coussinets – ou à ventouses –** ces plantes, parfaites pour de grandes surfaces, n'ont pas besoin d'aide non plus pour s'accrocher : les vignes vierges en font partie. *Parthenocissus quinquefolia, P. tricuspidata, P. henryana…*

▪ **Les vrilles,** ce sont des folioles ou des pétioles modifiés dont certaines plantes, dites grimpantes à vrilles, se servent pour s'élever, puis s'enrouler et s'agripper sur les treillages, les grillages, les tipis, les arbustes ou les arbres. La vigne, les clématites, les pois de senteur, la passiflore, la cobée se classent dans cette catégorie…

▪ **Les rosiers et les ronces** se servent de leurs épines, pour s'accrocher, puis se hisser, dans les arbres, par exemple. Installez-les aussi sur des claustras, des arches, des arceaux…

▪ **Les plantes volubiles** possèdent des tiges qui s'enroulent autour de leur support, devenant souvent ligneuses au fil du temps. Il leur faut des structures solides : treillis, claustras, arches ou arbres. Glycine, chèvrefeuille, houblon, jasmins, aristoloches, akébia, solanum laxum, trachelospermum, ipomées vivaces ou annuelles, poussent de cette façon.

Quelques grimpantes qui ne demandent guère d'entretien

La clématite 'Mme Julia Correvon'

Les clématites à floraison estivale (*Clematis viticella*), ne paradant avec les plus grosses fleurs du genre, y gagnent en charme et en naturel. 'Mme Julia Correvon' s'enroule, grâce à ses pétioles, sur les branches fines ou sur un fil et s'épanouit en centaines d'étoiles rouges, sur plus de la moitié de la longueur des tiges. Les fleurs se succèdent sans arrêt, de juillet à septembre. Elle mesure entre 4 et 5 m.

Comme toutes les clématites, elle aime avoir les pieds au frais (le bas de la tige et les racines) et la tête à la lumière. Le plein soleil n'est pas nécessaire : elle fleurit bien à l'est ou à l'ouest. Offrez-lui un sol drainé, riche et frais. Plantez, à l'avant, un géranium vivace bien touffu ('Rozanne' 'Johnson Blue', etc.) pour ombrer le pied. En mars, vous pouvez la rabattre à 20 cm du sol. Les nouvelles tiges vont se former très rapidement, et fleurir abondamment quelques mois plus tard.

Vous n'avez pas le temps de la couper ? Ce n'est pas grave, laissez-la partir à l'aventure... Faites-la grimper dans un petit arbre, sur un grillage, le long d'un mur ou d'un pilier. Elle est ravissante, guidée sur un fil, comme une treille, au-dessus d'une fenêtre ou de la porte d'entrée.

D'AUTRES ESPÈCES ET VARIÉTÉS DE CLÉMATITES D'ÉTÉ :

- **C. viticella 'Alba Luxurians' :** étoile moyenne, blanche à pointe verte et cœur noir. Juin à septembre. 3 à 4 m de hauteur.
- **C. texensis 'Duchess of Albany' :** clochettes épaisses en forme de tulipes à fleurs de lys, rose brillant, de juillet à septembre. 2 m de hauteur.
- **C. flammula :** bouquets de minuscules petites fleurs blanc ivoire, très parfumées en août et septembre. 4 m de hauteur.

La passiflore bleue

Opulence, fleurs splendides, pousse rapide : si vous avez un endroit bien ensoleillé, et beaucoup de place, installez *Passiflora caerulea*.

Le feuillage exubérant, persistant en climat doux, composé de 5 à 7 folioles et attrayant est accompagné de fleurs, étonnantes, parfumées, se succédant tout l'été. Elles s'ouvrent en fin de matinée et se ferment après l'heure du goûter. La plante type a des sépales et des pétales blancs, et une couronne de filaments bleu-violet. Les fruits, comme des œufs orange vif, ne mûrissent que dans les régions à été chaud. Bien que comestibles, ils ne sont guère goûteux.

Cette plante moyennement rustique (les parties aériennes gèlent à partir de -8 °C) peut supporter -15 °C avec un bon paillage. Exposez-la plein sud, à

l'abri des courants d'air. Elle pousse en tout sol drainé. Laissez-la partir à l'assaut d'un petit arbre, habillez-en un arbuste sans intérêt estival (dans ces cas-là, rabattez la passiflore au printemps, afin qu'elle fasse de nouvelles branches chaque année et ne gêne pas la floraison printanière de l'arbuste), faites-la courir sur un grillage. Si cette plante se plaît, elle devient envahissante : surveillez, même à plusieurs mètres, les rejets qui peuvent s'implanter et déterrez-les : vos voisins et amis seront peut-être ravis d'en récupérer.

Si vous souhaitez la juguler, agissez en mars. Raccourcissez toutes les pousses secondaires, le plus bas possible, et conservez une structure de branches plus âgées. Tous les ans, supprimez l'une de ces vieilles branches.

Le chèvrefeuille

Voici une grimpante qui sent bon la campagne. Le parfum pénétrant du chèvrefeuille et sa capacité à vivre à mi-ombre en font un incontournable, n'est-ce pas ? *Lonicera x heckrottii* fleurit de juin à septembre. Les longues tiges de 4 à 5 m se garnissent de petites feuilles vert moyen, semi-persistantes. Les fleurs, très parfumées, fruitées et épicées, sont dorées et roses.

Bien rustique, il pousse en toute bonne terre riche en humus et restant fraîche en été. Il apprécie particulièrement la mi-ombre. Il supporte le plein soleil si le sol reste frais. Le chèvrefeuille fleurit au bout des petites branches. Raccourcissez les rameaux secondaires pour favoriser la formation de nouvelles pousses. Il fait facilement du vieux bois. En mars, rabattez les branches âgées au ras du sol, pour rajeunir la touffe. Les tiges volubiles du chèvrefeuille s'enroulent autour de leur support : treillis, claustras, arches, arbre. Il tapisse parfaitement un grillage : la taille, alors, consiste à laisser les branches charpentières sur le grillage et à rabattre, en hiver, à la cisaille, tout ce qui dépasse. Couvrez-en la tonnelle sous laquelle vous vous réfugiez en été, pour profiter du parfum.

Le jasmin étoilé

C'est l'une des seules plantes grimpantes persistantes qui fleurissent et soient suffisamment rustiques pour vivre dans la plupart de nos régions.

La plante peut atteindre 5 m de haut. Son petit feuillage persistant, coriace, vert sombre, se marque de rouge en hiver. Les fleurs blanches, parfumées, s'épanouissent de juin à septembre et ressemblent à celles du jasmin, d'où son surnom de «faux jasmin». Mais attention aux confusions, car ces plantes n'ont rien à voir entre elles et ne sont même pas de la même famille!

Elle aime un sol drainé, le soleil et être palissée sur un mur au sud ou à l'ouest. Le *Trachelospermum jasminoides* supporte -12 à -15 °C s'il est planté à l'abri des courants d'air, voire -17 °C sur une très courte durée. Les parties aériennes souffrent à partir de -12 °C, mais la plante repart sur le bois dès les premiers beaux jours.

Dirigez si nécessaire les branches vers le support. Si une taille s'impose, parce que la plante prend trop d'ampleur ou gêne le passage, pratiquez-la en fin d'hiver. Attention, le latex blanc contenu dans les tiges peut être irritant. Seul sur un mur, il met en valeur les arbustes plantés à l'avant.

Jasmin des Indes.

Solanum jasminoides 'Album'.

Mariez-le aux clématites et au *Solanum laxum*. Mais surtout, placez-le près de la maison ou sur un passage fréquent, pour profiter de son feuillage en hiver et de son parfum en été.

La morelle faux jasmin, *Solanum laxum*

On la connaît plus souvent sous son ancien nom : *Solanum jasminoides*. Elle se développe vite, pouvant atteindre jusqu'à 8 m de haut sur 6 m de large. Les jardiniers impatients l'adorent, car elle est capable d'atteindre sa taille adulte dans l'année... ce qui signifie qu'il faut lui prévoir de la place!

Le feuillage est semi-persistant ou persistant, cela dépend des températures hivernales. Les tiges volubiles s'enroulent et s'agrippent à tout ce qui se trouve à leur portée et, une fois développées, s'accrochent seules sur un mur s'il présente des aspérités. Les fleurs étoilées, mauves ou blanches, groupées en lâches inflorescences, sont présentes d'avril à novembre et même en hiver, s'il fait particulièrement doux. À réserver aux jardins où la température ne descend pas en dessous de -15 °C.

ET AUSSI :

- **La glycine :** capable de vivre plus de 100 ans, la glycine avec son parfum envoûtant, habite de nombreux jardins, leur conférant un aspect romantique. Méfiez-vous : très vigoureuse, elle peut atteindre 15 m et abîmer son support s'il n'est pas assez solide!
- ***Clematis montana* :** En mai lorsque les fleurs de la clématite des montagnes, blanches ou roses, couvrent entièrement le faîte d'un arbre, c'est une merveille.
- **La bignone exubérante,** *Campsis radicans* 'Flamenco' fleurit en abondance – rose vif teinté de saumon – si l'été est très ensoleillé. Grimpante à crampons, elle n'a pas besoin de votre aide pour s'accrocher sur un mur ou un tronc d'arbre...
- **Le lierre, l'hortensia grimpant, la vigne vierge, les rosiers grimpants et lianes...**

Les arbustes, à privilégier

En bosquets, en isolé, en fond de massif, en haie... les arbustes sont les plantes à privilégier dans un jardin de week-end, car ils ne craignent pas la concurrence des herbes indésirables.

Structurez un jardin avec des arbustes

En haie, en bordure, en massif répartis en fonction des arbres : les arbustes sont si diversifiés qu'il y en a pour tous les emplois. Il est même possible de composer totalement un jardin avec des arbustes, car certains, rampants ou minuscules, jouent les couvre-sol, tandis que d'autres se prennent pour des arbres.

Certains poussent si vite qu'ils donnent immédiatement de l'allure au jardin, tandis que d'autres prennent leur temps, pour s'installer à vie, au fil des ans. Pour le choix, tenez compte des dimensions, des feuillages, des fleurs, des couleurs, des teintes du bois, de la rusticité, de l'exposition, du sol... Et de vos goûts, bien sûr!

Attention aux persistants, bien tentants. Un jardin tout habillé de vert, en hiver, ça fait rêver, mais n'en installez pas trop sinon, dès le printemps, le déséquilibre se fait sentir par un manque de vie au moment où la flore, ailleurs, se réveille. Jamais plus d'un persistant pour trois, voire quatre arbustes caducs.

Choisir des arbustes aux attraits multiples (fleurs ou feuillage) est l'une des clefs de la réussite de votre jardin pour le week-end. Optez pour des arbustes à longue floraison ou ayant un intérêt permanent avec le feuillage et qui nécessitent peu ou pas de taille. Veillez à ce qu'ils soient au sommet de leur effet pendant vos périodes de séjour.

Plantez un arbuste comme il se doit

Lorsque vous installez un arbuste, vous savez que c'est pour longtemps. Il est donc nécessaire de lui donner un bon départ, de le planter dans un sol qui lui convient, et à l'exposition adéquate. Soyez à l'écoute de votre jardin, de sa terre, de son exposition et ne réalisez pas de plantation contre-nature.

Quel que soit l'emploi de la plante, tenez compte de son développement adulte, en sachant qu'en haie, la distance de plantation est légèrement réduite.

Si la période de novembre à mars est propice aux plantations à racines nues, vous pouvez adopter un arbuste en conteneur toute l'année.

Ne lésinez pas sur la dimension du trou de plantation : les arbustes se développent mieux si les racines ont la place de bien s'installer. Ajoutez du compost, plantez, tassez fortement pour ne pas laisser de bulles d'air, arrosez, même s'il pleut. Paillez pour conserver la fraîcheur, protéger les racines et maintenir le sol propre. Les deux premiers étés, arrosez. Chaque automne, surfacez avec du compost et renouvelez le paillage. La taille, après la floraison, ne doit pas être drastique, au risque de nuire à la silhouette naturelle, sauf recépage si la plante donne des signes de faiblesse. Ôter les vieilles branches et le tiers des tiges suffit à maintenir l'arbuste en forme.

L'oranger du Mexique

Il a tout pour lui, ce bel arbuste qui répond au nom latin de *Choisya ternata* : port, feuillage, fleurs, parfum... Il structure le jardin, se place en haie, en isolé ou en bosquets et sert d'assise aux massifs de vivaces. Avec sa floraison immaculée aux senteurs d'agrumes, son feuillage persistant, trifoliolé, vert sombre, luisant, et sa faculté à pousser à toutes expositions, le *Choisya* se prête à tous les emplois. On le surnomme «oranger du Mexique», à cause du parfum de ses fleurs et de ses feuilles, et de son origine. Les petites fleurs blanches, groupées, s'épanouissent tout le printemps, refleurissent en fin d'été, parfois jusqu'à Noël. N'hésitez pas à rapporter des bouquets à la fin du week-end, car ses rameaux fleuris tiennent bien en vase, embaumant agréablement la maison. Cet arbuste se plaît aussi bien au soleil qu'à l'ombre.

Le *Choisya* mesure entre 2 à 3 m de haut, sur autant de large. S'il est rustique jusqu'à -15 °C, voire -18 °C, quelques tiges gèlent parfois, surtout s'il est placé en courant d'air. Pas d'inquiétude : en mars ou avril, il suffit de tailler les branches abîmées, de rectifier son port et il repart de plus belle. Installez-le en sol normal, léger, bien drainé, sans trop de calcaire. Avec sa large silhouette, le *Choisya* forme un écran touffu, spectaculaire toute l'année. Il s'unit bien avec des arbustes caducs, à floraison légère.

ESPÈCES ET VARIÉTÉS :

Dans toutes les variétés, les fleurs sont blanches et parfumées, presque identiques. Seul le feuillage toujours persistant, odorant lorsqu'on le froisse, diffère.

- ***Choisya ternata* 'Sundance'** possède un feuillage doré. C'est à soleil doux ou mi-ombre qu'il est le plus beau.
- ***Choisya*** *'Aztec Pearl'* a un feuillage finement découpé.

Hortensias et hydrangea à gogo

En adoptant toutes sortes d'*Hydrangea*, il est possible de composer un jardin presque complet et plein de charme. Ce sont des plantes qui demandent peu de soins lorsqu'elles sont bien installées... hormis la taille, en mars, qui peut s'avérer fastidieuse s'il y en a beaucoup. Mais vous savez bien, justement, que mars est un mois charnière et demande de l'attention! Si *Hydrangea macrophylla* – le fameux hortensia – ainsi que, *H. involucrata, H. anomala, H. serrata* ou *H. aspera*, préfèrent l'ombre ou la mi-ombre, d'autres acceptent sans sourciller une exposition ensoleillée à condition que le sol reste frais. Dans le Midi, préférez aussi une mi-ombre. Et surtout, abusez du paillage. *H. paniculata, H. quercifolia, H. arborescens* et *H. heteromalla*, entre autres, sont dans ce cas-là, tolérant même un soupçon

de calcaire dans le sol, à condition que la terre soit enrichie de terreau de feuilles et de compost, puis couverte d'un bon paillage.

De plus, ils ne sont pas sensibles aux gelées printanières qui, souvent, brûlent les jeunes pousses des hortensias.

Tous plus beaux, plus charmants, plus élégants et plus spectaculaires les uns que les autres, il en existe de toutes les tailles.

La longue floraison, évoluant au cours de l'été, n'est pas le seul atout des hydrangéas : les coloris des feuillages à l'automne, très diversifiés, peuvent rivaliser sans souci avec les arbres renommés pour leurs somptueuses couleurs.

i QUELQUES ESPÈCES ET VARIÉTÉS :

- **Les hortensias classiques, *H. macrophylla*,** avec leurs grosses boules, se renouvellent sans cesse avec des variétés aux teintes incroyables. Toutes sauf le jaune et l'orangé.
- **Les paniculés, *H. paniculata*,** les suivent de près. Leurs panicules ivoire, plus ou moins grosses, voire géantes, se teintent de rose et même de pourpre en fin de saison, au fil des nombreux cultivars.
- **Ceux à feuilles de chêne, *H. quercifolia*,** voient leurs fleurs crème devenir doubles, si ce n'est triples avec de nouvelles variétés.
- **Parmi les *H. arborescens*,** vous connaissez tous 'Annabelle', aux grandes inflorescences rondes, lâches, ivoire. Savez-vous qu'il s'est teint en rose, prenant le nom d''Invincibelle' ?
- **Les *H. serrata*** arborent des inflorescences souvent plates, en bonnet de dentelle, parfois rondes, et sont sensibles au pH du sol, comme ***H. macrophylla*.** Les roses deviennent bleues en sol acide, et les bleues deviennent roses en sol neutre.

Il existe d'autres belles espèces, mais un peu moins faciles à vivre, donc déconseillées en jardin de week-end.

Le cornouiller blanc

Le cornouiller blanc pousse partout : à mi-ombre ou en plein soleil et en tous sols! Pour ses rameaux aux teintes vives en plein hiver, adoptez-le sans tarder. Lorsque vous arriverez pour les fêtes de fin d'année, nul doute que vous serez charmé par ces tiges colorées qui scintillent sous le soleil rasant de l'hiver.

En mai, la floraison a lieu, en cymes ivoire, suivie, en août, d'une fructification noir bleuté. Le feuillage caduc, uni, bordé ou marbré de blanc, de jaune ou de rose suivant les variétés, se teinte de cuivre ou de pourpre dès septembre.

C'est surtout en hiver qu'il transcende le jardin : les rameaux nus, vivement colorés, servent de fond aux bulbes précoces. Il ne dépasse guère 2,5 m en tous sens et se place facilement, en haie libre, en fond de massifs de vivaces ou au milieu d'arbustes. S'il pousse partout, il sera plus éclatant en terre fraîche. Plein soleil ou mi-ombre. Tous les ans, en mars, rabattez les branches les plus âgées au ras du sol, pour favoriser l'apparition de nouveaux rameaux, plus colorés.

QUELQUES VARIÉTÉS DE *CORNUS ALBA* :

- **'Elegantissima' :** feuillage liseré de blanc, rameaux bordeaux.
- **'Gouchaultii' :** feuillage marbré et entouré de jaune, devenant rose en automne. Rameaux rouge sombre.
- **'Sibirica' :** feuillage vert, pourpre en automne. Rameaux rouge vif.

Petit arbre ou arbuste buissonnant ? À vous de choisir, suivant la forme choisie au départ. Un impératif : le soleil et la chaleur!

Le lilas des Indes

Le feuillage, ovale, vert foncé de *Lagerstroemia indica*, devient jaune et rouge vif en septembre et octobre. En juillet et août, les panicules de fleurs miniatures aux couleurs ardentes – roses, rouges, pourpres, mauves et blanches – et spectaculaires, cachent parfois le feuillage tellement elles sont nombreuses. Si vous choisissez la forme 'tige' vous profiterez de l'écorce marbrée de beige rosé et de marron glacé. Installez-le en isolé, ou en fond de massif.

En buisson, il se marie bien aux vivaces, et forme de jolies haies naturelles. Entre 1 m et 6 m de haut, suivant les variétés et la forme. Mené dès la plantation, il se palisse facilement sur un mur au sud. Offrez-lui un sol riche, profond, humifère, frais et drainé et non calcaire. Plantez-le à l'abri des vents. Il craint les fortes gelées pendant les deux premières années.

S'il résiste à -15°C, il ne fleurit pas dans toutes les régions. Le soleil et la chaleur estivale sont nécessaires pour obtenir une belle floraison. Il donne de très bons résultats dans le Midi, le Sud-Ouest et le littoral atlantique. Il résiste bien à la pollution et aux embruns. Taillez chaque branche ayant fleuri de moitié, en mars.

QUELQUES ESPÈCES ET VARIÉTÉS :

- **'Jacqueline Desmartis' :** assez tardif, rose brillant.
- **'Kimono' :** d'un blanc pur.
- **'Petite Red' :** ne dépasse pas 1 m de haut. Parfait pour la culture en bac.
- ***Lagestroemia x egolfii*, et ses hybrides :** résistent jusqu'à -20 °C et fleurissent plus facilement.

Le lilas

Les lilas, si parfumés, accompagnent les longs week-ends du mois de mai, se plaçant en isolé, en groupe, en haie libre. Ils mesurent entre 3 et 4 m de haut, acceptant tous les sols, même calcaires.

Vous pouvez les laisser totalement libres, mais une légère taille est conseillée, après la floraison, comme si vous faisiez de grands bouquets, afin qu'ils ne se dégarnissent pas trop de la base. Et justement, si vous emportiez de grandes brassées, à votre retour ? Pour les conserver longtemps en vase, écrasez l'extrémité des tiges sur quelques centimètres avant de les mettre dans l'eau.

IL EXISTE DE NOMBREUX CULTIVARS DE SYRINGA VULGARIS, EN VOICI QUELQUES-UNS :

- **'Katherine Havemeyer'** atteint 4 m de haut sur 3 m de large. Les fleurs doubles, parme, très odorantes, forment en avril-mai de grands thyrses compacts, presque coniques, groupées par deux.
- **Un grand classique : 'Charles Joly',** au superbe coloris lie-de-vin, comme tous les lilas, se prête à la confection de bouquets.
- **'Sensation'** s'épanouit en grandes panicules originales, compactes, composées de grosses fleurs simples, violine liseré de blanc. Vigoureux, buissonnant, il a un beau feuillage vert pâle.
- **Et n'oublions pas *Syringa microphylla* 'Superba'.** Ce petit lilas, avec son port souple, ne dépasse guère 3 m de haut. Il a la particularité de fleurir, mauve lilas, en panicules légères, en mai, puis tout l'été et en automne. N'est-il pas parfait pour vous accueillir pendant vos vacances ?

Le weigélia

Voici un bel arbuste de 2 m en tous sens, au port érigé et souple, avec un élégant feuillage caduc. Il fleurit en mai et juin et, parfois, remonte à l'automne si les nuits sont fraîches, en petites campanules blanches ou dans tous les tons de roses, suivant les variétés. Bien rustique, il se plaît au soleil ou à mi-ombre. Il n'a guère besoin de taille.

'Marjorie' est un cultivar dont les fleurs évoluent en une harmonie ivoire, rose dragée et carmin.

Les deutzies, Deutzia

Les *deutzies* se plantent au soleil ou à mi-ombre. Leur feuillage est caduc.

- ***Deutzia x elegantissima* 'Rosealind',** bien compact, ne dépasse pas 1,50 m, avec ses rameaux arqués couverts de mignonnes petites fleurs roses en fin de printemps. Il aime le soleil et un sol riche.
- **'Tourbillon Rouge'** mesure entre 1,5 m et 2 m. C'est un arbuste buissonnant à port dressé. Sur les branches arquées, s'épanouissent, en juin-juillet, des fleurs mauves bordées de rose, à revers rose foncé.

L'exochorda racemosa

Choisissez la variété 'Niagara'. Lorsque vous viendrez effectuer les tâches du mois de mai, vous serez accompagné par l'éclatante, voire éblouissante floraison, de cette sélection dont les branches, pendant un mois, disparaissent sous une myriade de fleurettes blanc pur à œil vert.

Cet arbuste caduc mesure 1,50 m en tous sens. De port compact, il est aussi intéressant en isolé qu'en massif. Attention, il n'aime pas le calcaire.

Le magnolia étoilé, Magnolia stellata

Soleil ou mi-ombre pour cet arbuste caduc qui mesure entre 2 et 3 m en tous sens.

Spectaculaires, en mars-avril, les fleurs, en grandes étoiles blanches parfumées, étonnent toujours autant au printemps, lorsqu'elles apparaissent, solitaires, sur le bois nu, suivies d'un feuillage lumineux. Plantez-le en sol neutre ou à tendance acide, mais surtout pas calcaire.

Une pelouse ou non ?

Dites non à la pelouse traditionnelle, celle que l'on doit tondre régulièrement, trop régulièrement. Et si, au fil des ans, le gazon devient prairie, les «mauvaises herbes» envahissant la pelouse, pourquoi ne pas les accueillir au lieu de les chasser ? En début de printemps, il ne reste qu'à récolter les pissenlits pour concocter une délicieuse salade et à encourager les enfants à bouqueter les pâquerettes.

La vraie pelouse

Si vous voulez une «vraie» pelouse, oubliez le «gazon anglais». Le gazon «sports et jeux» est parfait si vous avez des bambins qui jouent au foot, et idéal pour les allées engazonnées empruntées régulièrement. Entre ces deux exemples, il y a de multiples alternatives, même pour l'ombre, à découvrir dans votre jardinerie.

On vous propose même le gazon économe en tonte, afin de réduire le temps passé à tondre et à gérer les déchets de coupe. Les semences composant ce mélange donnent un gazon à la finesse de feuillage remarquable et à la pousse modérée. Il se compose de ray-grass anglais pour le côté esthétique et la finesse de feuillage, et de pâturin des prés, pour la résistance et l'entretien limité. Un mélange qui permet de diviser la fréquence des tontes par deux.

Les nouveaux mélanges incluent des semences de trèfle. Si vous laissez venir les plantes sauvages au milieu de cette pelouse, le trèfle va s'étendre, les primevères et les pâquerettes vont s'inviter et coloniser si bien le terrain qu'au bout de quelques années la tonte ne sera plus nécessaire.

La prairie fleurie

Même dans un tout petit jardin, offrez-vous un coin de prairie fleurie, toute bruissante de papillons, abeilles et autres insectes utiles au jardin.

Chez les grainetiers, les mélanges tout préparés sont de plus en plus attirants. En camaïeu, multicolores, raffinés, champêtres, à vous de choisir...

En février-mars, préparez le terrain en désherbant grossièrement, puis passez la bêche écologique. Enlevez les pierres et les racines des herbes. Passez le croc. Laissez reposer la terre pendant trois semaines. Passez à nouveau le croc ou la griffe, et la binette, pour ôter les herbes qui ont germé entretemps, c'est ce qu'on appelle le faux semis. Ratissez. Marchez sur des planchettes, au fur et à mesure, pour ne pas laisser de marques de pas.

Mélangez bien les graines – en mélange de fleurs annuelles, bisannuelles et vivaces à la floraison échelonnée pour prairies fleuries proposées par tous les semenciers – avec du sable de rivière, pour une meilleure répartition, puis semez à la volée ou avec un semoir. Ratissez. Arrosez avec une pomme fine. Cette pelouse ne se tond pas. Faites une coupe légère après la première floraison, en juillet, puis une autre fin septembre, en retirant l'herbe. Coupez à la faux ou à la faucille car la tonte broie les plantes. Fauchez en deux fois, à une semaine d'intervalle, pour ne pas rompre l'équilibre écologique.

Une prairie sauvage

Si vous avez une grande surface non plantée, conservez tout simplement la prairie sauvage en l'état. C'est ce qui vous demandera le moins de travail. À la tondeuse, tracez des allées afin de pouvoir vous promener. Sinueuses ou pour former des carrés. Par contre, il faut faucher en deux fois. Faites une coupe légère en juillet, puis une autre fin septembre, en retirant l'herbe. Coupez à la faux ou à la faucille car la tonte broie les plantes. Opérez en deux fois, à une semaine d'intervalle, pour ne pas rompre l'équilibre écologique.

Laissez venir des sauvageonnes

Les graminées à privilégier sont des espèces fines et sages : flouve odorante, *Agrostis tenuis*, *Briza media*.

- Si vous avez le temps de «trier», celles que vous pouvez bouder et éradiquer, car trop exubérantes, sont le chiendent, la houlque laineuse et les dactyles. Éliminez sans état d'âme et systématiquement les chardons. Après la fauche de septembre, plantez des bulbes qui resteront à vie et fleuriront au printemps avant que l'herbe ne pousse trop haut, comme des narcisses.
- Dans les carrés dessinés dans la prairie par la tondeuse, vous pouvez introduire quelques plantes faciles à vivre au milieu des sauvageonnes, tels des géraniums vivaces, ou balancer des graines de coquelicots, marguerites ou autres annuelles et bisannuelles.
- Si, en sol riche, les graminées s'avèrent trop poussantes, il suffit en été de semer directement dans l'herbe des graines de crête-de-coq (*Rhinanthe minor*), plante semi-parasite des graminées.

Les alternatives au gazon

Il existe des alternatives au gazon, pour éviter la corvée de tonte.

L'helxine

L'helxine – *Soleirolia soleirolii* – est une plante qui mesure entre 1 et 4 cm de haut. Ses minuscules feuilles persistantes, rondes ou ovales, vert vif – dorées ou panachées de blanc dans deux cultivars – tapissent la terre comme une mousse.

Elle est parfaite pour les coins d'ombre fraîche et les petites surfaces, dans les régions où les températures ne descendent pas en dessous de -10 °C. Lorsqu'elle est bien installée, elle supporte les passages, s'ils ne sont pas trop «violents» et rapprochés. Pour des allées et venues plus courantes, la marier avec des pas japonais est une bonne technique. Elle est parfaite dans les allées de graviers et entre des dalles...

Elle convient aussi pour garnir le pied d'arbustes. Le sol doit toujours demeurer frais, son principal ennemi, hormis le froid, c'est la sécheresse. Plantée dans de bonnes conditions – terre ordinaire, drainée, humifère –, cette plante se propage assez rapidement. Si, après un hiver un peu dur, après un bon gel, elle semble grillée, elle repart presque toujours au printemps. On trouve cette vivace en godet, à espacer de 20 cm lors de la plantation...

Zoysia

Voici une graminée qui ne se tond pas! Mais *Zoysia tenuifolia* n'est pas la panacée pour tous les jardins : elle craint le froid! Les rhizomes sont rustiques jusqu'à -5 °C, voire -7 °C. C'est donc une plante à réserver au Midi ou le long du littoral, surtout qu'elle tolère les embruns. Élégante, pratique, résistante à la sécheresse, solide – on peut marcher dessus, faire des galipettes, s'asseoir sans l'abîmer –, elle ne dépasse pas 6 à 12 cm de haut, et c'est un plaisir de se rouler dessus, car elle a un aspect moutonneux très attrayant.

Si vous habitez une région à climat très doux et que vous adoptiez cette graminée comme pelouse,il faut que vous acceptiez d'avoir un sol presque nu pendant quelques mois, car *Zoysia* rentre en dormance à partir de 7 °C et jaunit dès l'approche des 0 °C. Elle ne se réveille que lorsque les températures atteignent 15 °C pendant plusieurs jours d'affilée. Zoysia a besoin d'un sol très drainé. Si vous optez pour la plantation en godet, espacez-les de 30 cm. On commence à la trouver en plaques, ce qui est moins onéreux et moins fastidieux à poser. Arrosez bien au moment de l'implantation, puis attendez 1 an avant de jouer au ballon.

La pâquerette

Bellis perennis ❶ est le vrai nom de cette sauvageonne qui, lentement mais sûrement, gagne le pas sur le gazon, et tant mieux pour nos pelouses que nous n'avons pas le loisir de tondre régulièrement. Si c'est surtout au printemps que l'on découvre les fleurs de pâquerettes, elles sont souvent présentes en hiver, s'épanouissant au moindre redoux et continuant à fleurir en permanence.

Des rosettes bien plaquées au sol partent de petites feuilles persistantes, sans tiges, ovales, en forme de spatules. Elles poussent aussi bien au soleil qu'à mi-ombre. Courantes surtout dans les sols acides, elles sont persistantes et leur feuillage reste vert même en cas de sécheresse. Riches en carbonate de calcium, elles jouent un rôle de régulateur.

1

2

Le trèfle blanc

Il y a des décennies que dans le Midi, on sème du trèfle en guise de pelouse ❷. Il résiste à la sécheresse et ne nécessite pratiquement pas de tonte, mais il y a peu de temps que les semenciers les ont introduits dans la composition de mélanges de gazons à semer. Bien rustique, convenant à tous les sols, très riche en azote, *Trifolium repens* apporte au sol des oligoéléments : calcium, fer, iode, cobalt, magnésium, zinc, manganèse, phosphore, sodium... et ne laisse plus la place aux chardons. Il absorbe l'azote de l'air et en enrichit le sol. Il supporte particulièrement bien la chaleur estivale. S'il s'est invité, accueillez-le avec empressement. Sinon, procurez-vous des semences chez un spécialiste en plantes sauvages. Une autre de ses qualités est d'attirer les insectes pollinisateurs, les papillons entre autres. Le revers de cette qualité ? Attention à ne pas marcher pieds nus lorsqu'il est en fleurs, car il attire aussi les abeilles!

La primevère

À l'automne, installez, en bordure de la pelouse, par petits groupes de 3 ou 5, des primevères des jardins, ces fleurettes multicolores que l'on trouve en barquette au rayon des plantes saisonnières. Rustiques, elles vont se ressemer au fil des ans, pour coloniser la pelouse.

Avec le temps, elles vont perdre leurs couleurs initiales pour tendre vers les couleurs de leurs ancêtres, jaune pâle et mauve. Cela sera encore plus naturel.

D'AUTRES PLANTES À INVITER SUR LA PELOUSE :

- **Achillée, plantains...**
- **Sans oublier quelques mini-bulbeuses** qui animent le printemps!

Quelles plantes privilégier ?

Parmi les bulbeuses, les annuelles, les vivaces, les grimpantes et les arbustes, voici une sélection de végétaux faciles à vivre, même lorsque vous n'êtes pas à leurs petits soins à longueur de journée...

Les bulbeuses vagabondes

Ils courent, ils se multiplient au fil des ans, pour former des colonies indestructibles, ces bulbes que l'on retrouve en fleurs chaque année, fidèles. La plupart, comme les crocus, les perce-neige et les narcisses fêtent l'arrivée du printemps, tandis que les cyclamens annoncent l'automne. C'est entre septembre et novembre qu'on les met en terre. Un petit rappel, qui vaut pour pratiquement tous : le bulbe doit être enfoui à une profondeur équivalente à trois fois sa taille.

Un tapis fleuri pour le printemps

De février à avril, de nombreux petits bulbes s'épanouissent, bravant les derniers frimas. S'ils animent sous-bois et massifs, ils se prêtent aussi à la plantation dans le gazon. Ils fleurissent si tôt qu'ils retardent à peine la première tonte.

Perce-neige, crocus, tulipes botaniques, narcisses précoces, éranthis, muscaris... Pour obtenir un tapis à l'allure naturelle, lancez les bulbes à la volée, et plantez-les là où ils sont tombés, toujours en groupes. En installer en grand nombre d'une seule espèce est plus spectaculaire que d'en disperser peu en de multiples variétés.

À l'aide d'un plantoir à bulbes ou d'un transplantoir, faites des trous pour placer les bulbes, en tenant compte de leur taille, pour la profondeur : 2 à 3 fois leur diamètre. Idem pour leur écartement. Si vous en plantez beaucoup de la même variété au même endroit, préparez un emplacement suffisamment large, creusé à l'aide d'une bêche, et placez-les les uns à côté des autres, en respectant la distance préconisée, pour faire une belle tache. Rebouchez, tassez avec le pied. Afin que ça ne soit pas fastidieux et que ça ne vous coûte pas trop cher, commencez petit et augmentez les plantations chaque année.

Au printemps, après la floraison, ne coupez pas le feuillage. C'est en fanant et en jaunissant que les bulbes se régénèrent, pour refleurir l'année suivante.

Par ordre d'entrée en scène

▪ Au premier redoux, dès janvier, nos rêves de printemps fleurissent en couleurs, bien que le calendrier nous précise que nous sommes encore en hiver. Petits et discrets, les bulbes précoces sont de vrais trésors qui s'épanouissent sous le givre et la neige, souvent en grande colonie car ils se naturalisent facilement. Plantez-les par 100 minimum pour un bel effet de masse.

▪ **Les Eranthis,** surnommés helléborines, ouvrent les premiers leurs corolles jaune bouton d'or, parfois en décembre, plus souvent en janvier, au soleil ou à mi-ombre. Presque à ras du sol, ils s'épanouissent sur un feuillage disposé en couronne découpée. ❶

▪ **Les perce-neige** prennent la suite, bravant les frimas les plus durs. Dans le commerce, on en trouve couramment 4 ou 5 espèces ou variétés, mais il existe une collection nationale qui regroupe... plus de 300 Galanthus différents, car tel est le vrai nom du perce-neige. C'est à 4 pattes, qu'on les admire, pour voir leurs différences... Ces fleurs, perchées sur des tiges hautes de 10 à 25 cm, sont en forme de clochettes blanches. Ombrées ou maculées de vert ou de jaune, elles sont simples, parfois doubles, juponnées comme un tutu. Les perce-neige se plaisent à toutes les situations et se multiplient au fil des ans. Ils sont parfaits pour animer les pelouses, les sous-bois ou les massifs nus... et tiennent bien en mini-bouquets! ❷

EN VOICI QUELQUES-UNS :

- ***Galanthus elwesii* :** fleurs blanches ombrées de vert.
- ***Galanthus nivalis* :** fleurs blanches. Originaire d'Europe, on le rencontre parfois dans nos sous-bois.
- ***Galanthus nivalis* 'Flore Pleno' :** fleurs blanches, doubles, ombrées de vert.

- Quelques semaines avant l'arrivée du printemps, **c'est la ronde des crocus** qui s'éparpillent au soleil sur le gazon, dans les plates-bandes encore bien nues, au pied des arbustes. Il en existe de nombreuses variétés, à petites ou grandes fleurs. Les couleurs sont très variées, allant du blanc au pourpre en passant par tous les jaunes, les violets et les bleus... ❸

EN VOICI QUELQUES-UNS :

- ***Crocus ancyrensis* :** solides fleurs jaune vif.
- ***Crocus chrysanthus* 'Blue Pearl' :** mignonnes petites fleurs bleu vif à cœur jaune.
- ***Crocus chrysanthus* 'Cream Beauty' :** son petit frère, jaune beurre.
- ***Crocus tommasinianus* 'Barr's Purple' :** il fleurit longtemps, violet puis gris mauve.

- **Moins connu, *Iris reticulata*** est un petit bijou qui ne mesure pas plus de 20 cm. En terre bien drainée, cet iris, doté d'un puissant parfum, s'épanouit en bleu, blanc, jaune ou pourpre et se naturalise très vite dans un endroit ensoleillé du jardin. ❹

Notre chouchou ? Iris reticulata 'Cantab' :
à fleurs bleu pâle, tachetées de jaune.

Les narcisses, pour la vie !

Craquez pour des narcisses : vous les retrouverez chaque année, de plus en plus nombreux, car ils se naturalisent vite. En choisissant des espèces et variétés différentes, les floraisons s'échelonnent sur plus de 3 mois, de mars à juin.

Faciles à cultiver, ils ne quitteront plus votre jardin, colonisant vite gazon et sous-bois de feuillus pour former d'imposants bataillons, en nuées blanches ou jaunes, avec parfois, comme ornements, des trompettes, des collerettes et des couronnes orange, abricot ou roses. Ils font merveille dans un verger, lorsque pommiers, pêchers et poiriers sont en fleurs.

Parfaits pour réveiller les massifs de fin d'hiver et animer la base des bosquets, ils égaient les pelouses et illuminent les rocailles. Miniatures (15 cm) ou de grande taille (50 cm), parfois parfumés, ils composent de joyeux bouquets.

Au soleil, installez les petits en grandes masses tapissantes ou en rocaille. Les plus grands ont leur place en massifs de bisannuelles, de vivaces et d'arbustes, ou en bordure. Comme tous les bulbes, les narcisses se plantent en sol drainé, dans des trous de deux ou trois fois la grosseur du bulbe. Espacez-les de même afin qu'ils aient tout loisir pour se multiplier.

L'hermodactylus, l'étrange

Voici un bulbe peu connu, et pourtant, que ses fleurs sont ravissantes! En février-mars, au milieu d'une touffe de feuilles fines, souples, lancéolées, mesurant entre 30 et 50 cm, perchées sur des tiges qui ne dépassent guère de la touffe, vont émerger des fleurs raffinées et parfumées de 4 à 5 cm de diamètre. Ces fleurs veloutées, petits iris vert jade avec des segments inférieurs bruns presque noirs, appartiennent à *Hermodactylus tuberosus*. Ne vous fiez pas à sa beauté particulière : l'hermodactylus n'est pas fragile : il drageonne et se ressème pour former de belles colonies.

C'est une plante que l'on trouve dans les catalogues d'automne des pépiniéristes spécialisés en bulbes, car, en effet, *Hermodactylus tuberosus* est classé dans les plantes bulbeuses. Mais ses réserves souterraines sont stockées dans une racine horizontale et non dans un bulbe. Il est très proche des iris, dans lesquels il est parfois classé.
Installé en septembre ou octobre, il se comporte ensuite comme une vivace ayant une végétation hivernale : ses feuilles se montrent d'octobre à mai-juin, moment où elles rentrent en dormance.

Les charmantes tulipes botaniques

Les tulipes botaniques (*Tulipa*) s'installent à vie au jardin tandis que les tulipes horticoles dégénèrent au fil des années. Donc, comme vous l'avez compris, il existe les tulipes botaniques, sauvages et les tulipes horticoles, créées par la main de l'homme. Les tulipes botaniques sont idéales pour courir sur la pelouse et se naturaliser au pied des arbustes. Ce sont elles que vous devez choisir, pour ne plus avoir à vous en occuper.

EN VOICI QUELQUES-UNES, À ADOPTER EN GRAND NOMBRE, POUR OBTENIR DE JOLIS TAPIS FLEURIS :

- ***T. batalinii*** **:** hauteur 20 cm, fleurs jaune lune en avril-mai.
- ***T. saxatilis*** **:** hauteur 20 cm, fleurs roses à cœur jaune, en avril-mai.
- ***T. sylvestris*** **:** hauteur 40 cm, fleurs jaune d'or, très parfumées, en avril-mai.
- ***T. tarda*** **:** hauteur 15 cm, fleurs jaunes et blanches, en avril-mai.
- ***T. turkestanica*** **:** hauteur 30 cm, fleurs blanches à cœur jaune, en mars-avril.
- ***T. violacea pallida*** **:** hauteur 15 cm, fleurs blanches à cœur bleu, en mars-avril.
- ***T.* 'Lilac Wonder' :** rose mauve, hauteur 15 cm.
- ***T. clusiana*** **:** blanche et framboise, hauteur 20 cm.

Tulipe Lilac Wonder.

Les cyclamens, pour le feuillage et pour les fleurs...

En couvre-sol, à l'ombre des grands arbres et des arbustes caducs ou sur les talus, les cyclamens botaniques égayent les saisons fraîches. À mi-ombre et à l'ombre, voire au soleil doux, les cyclamens botaniques, rustiques, se naturalisent au fil des ans...

Ils animent les sous-bois et les pentes situées au nord ou à l'ouest, en taches de fleurs vives et de feuillage jaspé. Les fleurs des cyclamens existent en différentes nuances de rose et en formes blanches. Le feuillage en cœur, souvent marbré, est ravissant. Il en existe une bonne vingtaine d'espèces. En les associant, vous pouvez avoir des fleurs de septembre à avril.

Cyclamen de Naples en fleur.

Les bulbes sont énormes par rapport à la taille des fleurs et de la plante en touffe. Ils doivent être souples et frais sous le doigt. Pour plus de sûreté, achetez-les conditionnés en pot. Groupez-les, pour un bel effet, en les espaçant de 10 à 15 cm, en sol frais, léger, perméable, riche en humus. Arrosez-les bien, puis oubliez-les. Si votre jardin est près d'une forêt où vivent des sangliers, renoncez aux cyclamens : ces animaux sont friands de ces bulbes et seraient capables de défoncer le sol pour s'en délecter.

QUELQUES ESPÈCES ET VARIÉTÉS, PARMI LES PLUS BEAUX ET LES PLUS RÉSISTANTS :

- ***C. africanum*** **:** c'est une espèce vigoureuse au feuillage très décoratif, s'épanouissant en automne, en fleurs rose fuchsia.
- ***C. hederifolium*** **:** (le fameux cyclamen de Naples, le plus courant) présente des fleurs rose nacré, de septembre à novembre. Il existe une forme blanche.
- ***C. coum*** **:** elle arbore des fleurs rose-pourpre de décembre à mars. Il existe une forme blanche.
- ***C. alpinum*** **:** elle présente des fleurs hivernales rose vif aux senteurs de miel.
- ***C. balearicum*** **:** elle s'épanouit au printemps, en petites fleurs blanches.
- ***C. cilicium*** **:** aux fleurs rose pâle aux senteurs de miel, en automne, elle possède un beau feuillage marbré. Il existe une forme blanche.

Les annuelles presque spontanées

Semez des annuelles, mais pas n'importe lesquelles! Choisissez celles qui vont se ressemer d'une année sur l'autre. Des annuelles rustiques. Une plante annuelle vit sur un an, alors pourquoi dit-on qu'elle est rustique ? Simplement parce que ses graines supportent le froid hivernal.

Des annuelles à tout faire

Dans les plates-bandes, au potager, au jardin bouquetier, pour boucher les trous dans les massifs de vivaces, en bordures... Enfin, presque partout, semez des annuelles.

Regardez ce qu'il se passe dans votre jardin. En principe, vous récoltez les graines pour les ressemer l'année suivante. Mais certaines annuelles se ressèment d'elles-mêmes, après avoir connu un cycle d'un an : nées au printemps, elles meurent en automne, tout en assurant leur descendance, car leurs semences ne sont pas gélives. Et ces semis spontanés sont toujours plus précoces, fleurissant un mois, parfois deux, avant ceux qui sont effectués au printemps comme le veut la tradition.

Alors, pourquoi ne pas copier ces fleurs de si bonne composition, et les semer à l'automne? **Pavot de Californie (*Eschscholzia*), coquelicot, nigelle de Damas, souci, pied-d'alouette, pois de senteur, bleuet, bourrache, godétia, chrysanthème des moissons, amarante queue-de-renard, limnanthe...** Certaines vont germer très vite – même parfois avant l'hiver, se comportant alors en bisannuelles –, d'autres vont attendre sagement la fin de l'hiver, mais vous pouvez être assuré que les fleurs seront au rendez-vous précocement. Et ces plantes seront plus fortes. Et surtout, elles n'auront pas besoin d'arrosage, alors que, semées au printemps, un suivi est nécessaire.

Semez directement en pleine terre dans un sol nettoyé des herbes indésirables et ameubli sans être retourné profondément. L'idéal est d'utiliser une bêche écologique (la fameuse grelinette) qui prépare le terrain sans bouleverser la faune et les micro-organismes qui travaillent la terre en profondeur. Ôtez cailloux et racines éventuelles, ratissez. Dispersez les graines à la volée pour un massif, ou en ligne au jardin bouquetier. Recouvrez d'un voile de terreau. Tassez légèrement avec le dos du râteau. N'arrosez pas : la rosée et les pluies automnales sont suffisantes pour aider à la levée.

Une petite exception concernant le semis de pois de senteur. Faites tremper les graines dans un bol d'eau tiède pendant une nuit avant le semis, qui se fait en poquet. Le semis en poquet consiste à mettre 3 ou 4 graines dans un trou fait avec le doigt ou un petit bâton. Comme cette plante est grimpante, pensez à la semer près d'un grillage ou autre support sur lequel elle puisse s'entortiller.

Solution de rattrapage, en mai, pour un été fleuri

Certaines annuelles poussent si vite qu'un semis tardif ne les ralentit pas, au contraire, car la terre réchauffée leur convient parfaitement. Que cela soit pour créer un petit massif, pour décorer le potager, garnir le pied des rosiers ou boucher des emplacements vides, semez au printemps!

- Gracieux, fleuris pendant de longs mois, les **cosmos** devraient figurer dans tous les jardins. Leur semis est d'une facilité déconcertante. Il y a même des variétés naines, pour les potées. Ils aiment le soleil, un sol profond, léger, même pauvre, et supportent bien la sécheresse dès qu'ils sont bien développés.

Semez de la même façon **des lavatères annuelles, des reines-marguerites, des belles-de-jour, des tournesols, des malopes, des cléomes...** Sans oublier les **nigelles,** aux fleurs gracieuses et aériennes, et aux graines étranges. Ou encore des **pavots de Californie,** des **soucis,** des **coquelicots,** des **bleuets...** Agissez sur un sol bien préparé. Éclaircissez à 20 ou 30 cm, suivant la taille de la plante adulte. Certains végétaux, comme les cosmos, ont tendance à ne faire qu'une seule tige : pincez les plants lorsqu'ils ont 20 cm pour les aider à se ramifier. Pendant le premier mois, arrosez si le temps est sec... Ensuite, laissez-les vivre sans arrosage.

Tuteurez les variétés les plus grandes si elles ne sont pas suffisamment trapues. N'hésitez pas à faire des bouquets, tout en laissant quelques pieds monter à graines, afin d'assurer la descendance. N'oubliez pas les grimpantes, qui partent à l'assaut du moindre support. **Pois de senteur, capucines, haricots d'Espagne, volubilis, cobées...** Leurs graines étant très dures, trempez-les dans un bol d'eau toute une nuit, avant la plantation, pour accélérer la germination. Semez en poquets de 3 graines, profonds de 2,5 cm, dans un sol bien préparé. Espacez-les de 20 à 30 cm.

S'installant vite, ces annuelles transforment en 2 mois un nouveau jardin en jardin bien établi. Souvent, elles se ressèment d'elles-mêmes l'année suivante. Alors, désherbez malin!

Au potager, des plantes annuelles bien spécifiques

Le souci

On sème des soucis (*Calendula officinalis*) au potager pour faire plaisir aux légumes, et pour se faire plaisir. Consacrez-leur un endroit, une bordure et n'hésitez pas à en semer partout, entre les planches de légumes : grâce à leurs sécrétions racinaires, les soucis tuent les nématodes. C'est une façon d'avoir des légumes sains. Et les jeunes feuilles, les boutons et les pétales de fleurs se mangent : décorez-en vos salades! Préparez le sol, en le désherbant, puis en le crochetant. Terminez par un ratissage. Semez à la volée, en carrés, en lignes ou entre les rangs de salade, en mélangeant les graines avec un peu de sable, pour une meilleure répartition. Ratissez avec légèreté, pour enfouir les graines en douceur. Arrosez.

Lorsque les plantules ont 4 ou 5 feuilles, éclaircissez à 15 ou 20 cm. Arrosez jusqu'à ce que les touffes soient bien formées. Ensuite, ces plantes supportent bien la sécheresse. Et elles se ressèment d'elles-mêmes d'une année sur l'autre. Lorsque l'hiver est doux, il n'est pas rare d'en voir encore quelques-uns épanouis en janvier ou février.

Cette plante est donc à semer un peu partout, en variétés classiques, jaunes ou orange ou, en plus étonnantes, cuivrées ou rousses... Soleil, mi-ombre, sol ordinaire, drainé, même calcaire : le souci n'est pas difficile. S'il mesure en moyenne 30 à 40 cm, certaines variétés atteignent 70 cm.

COULEUR SAFRAN

Les cuisiniers l'utilisent comme colorant alimentaire naturel, car il teinte de jaune les préparations culinaires, telles que les sauces, les crèmes, les laitages, le riz. Il donne également une belle couleur or au beurre.

L'œillet d'Inde

Légèrement démodé, ce grand classique des fleurs saisonnières (*Tagetes*) mérite pourtant sa réhabilitation. Il faut le sortir du contexte tellement vu, planté en rangs d'oignons, et le marier avec d'autres plantes pour qu'il affirme toute sa beauté. Et son utilité, au potager!

Avec son port érigé, ramifié, très buissonnant, cette annuelle se place très facilement. Son feuillage très découpé, vert sombre, est fortement aromatique. Ce parfum n'est pas apprécié par tous, mais c'est un remède presque miracle qui protège les légumes des parasites du sol et des insectes indésirables. Par exemple, l'œillet d'Inde repousse la mouche blanche de la tomate.

Semez l'œillet d'Inde au soleil, en sol léger, souple, drainé, neutre ou calcaire. La floraison, de mai à octobre, est longue et abondante. Elle se produit en capitules simples ou doubles, dans tous les tons chauds : ivoire, jaune pâle et d'or, orange, roux, brun. En revanche, c'est une plante annuelle gélive et elle ne se ressèmera pas l'année suivante d'elle-même.

La ronde des capucines

Qu'elle est belle, qu'elle est utile, qu'elle est bonne, cette plante! Vous pouvez semer des capucines grimpantes, et les laisser courir sur des tuteurs ou autres ou sur un grillage. Ou opter pour des naines, à mettre en bordure.

Elles attirent facilement les pucerons ? Tant mieux, pendant ce temps-là ces insectes n'iront pas s'installer sur les fèves ou les haricots verts. Il n'y a aucun puceron, les coccinelles ayant fait leur travail ? Et bien mangez les capucines! Les feuilles, les fleurs, les boutons, les graines, tout se mange! En déco, en soupe, en salade, en pickles... et même en sorbet!

Laissez quelques graines, en automne, tomber au sol. Si l'hiver est doux, vous retrouverez des bébés capucines l'année suivante. Un petit conseil quant au semis : les graines étant grosses, pour aider à leur germination, faites-les tremper dans une tasse d'eau pendant quelques heures.

De belles et bonnes vivaces solides

Les vivaces que vous allez choisir doivent vivre sans soins et pour de nombreuses années. Plantes chameaux, plantes couvre-sol, plantes à bouquet, plantes à massif... Elles ont toutes les fonctions!

Geranium Nimbus.

Vivaces tout terrain, plantes chameaux, jolis couvre-sol...

Les géraniums vivaces, ces indispensables

S'il y a bien des plantes sans souci, adaptées aux styles d'environnement les plus divers et à toutes les expositions, ce sont les géraniums. Ombre, fraîcheur, sol sec, plein soleil : il y en a toujours à adopter pour votre jardin.

Faciles d'entretien, ils courent sur le sol ou bien forment de belles touffes imposantes. Certains se faufilent, grimpant même entre les branches basses des arbustes, tandis que d'autres, miniatures, se lovent entre les pierres de la rocaille. Tous poussent vite et s'installent dans les massifs, leur donnant un aspect établi en à peine un an.

Les classiques ou les récentes créations, aux floraisons de très longue durée, les couleurs des fleurs variées (toutes, sauf le jaune, l'orange et le rouge vermillon), le feuillage exceptionnel, toujours net, enchantent les jardiniers, débutants ou confirmés. Quand vient le choix, tout se complique, car ils sont tous tentants! Mais sachez que votre jardin peut accueillir des centaines de géraniums vivaces sans que cela fasse «collectionnite aiguë» ou jardin échantillon. Un jardin de vivaces peut se composer uniquement de ces végétaux tant leur diversité est grande. Choisissez parmi les fleurs simples ou les fleurs doubles. Les feuillages brillants, mats, dorés, vert franc, bronze ou presque noirs, unis, maculés, et parfois persistants, s'embrasent souvent à l'automne. Bien rustiques, ils drageonnent ou se ressèment, pérennisant leur avenir.

Ils conviennent parfaitement à la conception du jardin de week-end, s'associant avec toutes les autres vivaces, tapissant le pied des rosiers, des arbres et des arbustes, créant une unité tout en étant variés et en offrant des temps forts toujours renouvelés.

QUELQUES-UNS, PARMI NOS PRÉFÉRÉS :

- ***Geranium cinereum* 'Ballerina' :** une multitude de petites fleurs rose mauve veinées de violine, à cœur sombre, de mai à août pour ce géranium au feuillage persistant. Cette petite plante alpine pousse en coussinets de mini-feuilles persistantes cachées, tout l'été, sous d'innombrables fleurettes. Il mesure entre 15 et 20 cm de haut, et s'étale sur 25 à 30 cm. Installez-le au soleil en bordure, en rocaille, en couvre-sol, en jardins de graviers. Soignez la plantation, car ce géranium va rester en place très longtemps. Il déteste la concurrence des racines. Désherbez parfaitement le terrain avant la plantation. Si votre sol est argileux, ajoutez un peu de sable. Paillez, avec des graviers, après avoir arrosé.
- ***Geranium x oxonianum* 'Sanne' :** si vous aimez les teintes sombres, optez pour ce géranium au feuillage semi-persistant, chocolat. Il est ravissant surtout lorsqu'il se couvre de fleurettes blanches. La touffe mesure 20 cm de haut sur 30 cm de large. Ce géranium à la couleur originale est un couvre-sol vigoureux, supportant bien la sécheresse. Installez-le en rocaille ou en bordure de massif. Paillez avec des graviers. En sol lourd, mettez une bonne couche de graviers au fond du trou et ajoutez du sable à la terre d'origine.
- ***Geranium* 'Nimbus' :** c'est un bon couvre-sol, pour le soleil. Les herbes indésirables n'arrivent pas à se frayer un passage sous ce feuillage caduc, dense, découpé, vert clair puis rouge en automne. Cette touffe bien ronde, de 50 cm de haut sur 60 à 90 cm d'étalement, est couverte de fleurs bleu mauve nervurées de pourpre, tout l'été, de juin à septembre. Il se place parfaitement en bordure de massif. Lorsque la plante paraît s'essouffler, en juillet, rabattez pour favoriser la venue d'un nouveau feuillage et de nouvelles fleurs.
- ***Geranium sanguineum* 'Elke' :** qu'elles sont mignonnes, ces petites fleurs en coupe, rose fuchsia, striées de violine et bordées de blanc. Le feuillage très découpé devient flamboyant en automne. Ce géranium s'étale lentement mais sûrement. Il mesure 20 à 25 cm de haut, pour un étalement de 40 cm. Installez-le au soleil, en rocaille, en bordure, en jardin de graviers. La floraison a lieu de mai à septembre.
- ***Geranium* 'Rozanne' :** c'est certainement la meilleure plante de ces 30 dernières années. Il a d'ailleurs reçu de nombreux prix, tant en France qu'en Angleterre ou dans d'autres pays européens. Il s'étend, dans l'année, sur plus d'un mètre d'envergure, et s'épanouit en fleurs bleues à cœur blanc dès la fin du printemps et jusqu'aux gelées. Lorsqu'il trouve un support (grimpante, arbuste), il s'y faufile, fleurissant à travers les branches. **'Jolly Bee'** lui ressemble beaucoup. Soleil, ombre douce.
- ***Geranium sanguineum* 'Max Frei' :** fleurs magenta, tout l'été, petit feuillage compact, tapissant, avec de belles couleurs d'automne. Il se plaît au soleil.
- ***Geranium macrorrhizum* :** tapissant, ce géranium au feuillage velouté, semi-persistant, fleurit très tôt au printemps. Blanc, rose pâle ou carmin. Une panacée pour les endroits ombrés. C'est un très bon couvre-sol au pied d'arbustes.
- ***Geranium nodosum* :** ce petit géranium avec ses fleurettes mauves ne paye pas de mine. Mais très vite on ne voit plus que lui, lorsqu'il s'installe, se ressemant en abondance dans les lieux ombragés, même secs, avec un joli feuillage brillant. C'est une plante variable et les semis nous réservent de bonnes surprises. C'est ainsi qu'est née la sélection **'Clos du Coudray'**, à la floraison plus spectaculaire. Ses fleurs rose violine bordées de blanc et striées de pourpre, ne passent pas inaperçues.

- ***Geranium* 'Sabani Blue' :** voici l'un des géraniums les plus précoces à fleurir. Il couvre le sol sur presque 1 m de diamètre. La touffe imposante se tapisse de grandes fleurs bleu profond, striées de violet. Proche parent de ***Geranium magnificum***, il en a la beauté, avec une abondante floraison beaucoup plus longue, qui dure d'avril à septembre. Mesurant de 40 à 60 cm de haut, il s'étale sur le double. Installez-le en tout bon sol, au soleil, en massif, en bordure, en couvre-sol. Il tolère la mi-ombre, mais fleurit moins.
- ***Geranium* 'Sandrine' :** ce géranium a toutes les qualités requises pour figurer en bonne place, en massifs, en bordure ou en couvre-sol. Il a hérité des meilleurs caractères de ses parents : le coloris intense d''Ann Folkard', la taille des fleurs de 'Patricia' et la floribondité des deux. Les longues tiges aux feuilles palmées se couvrent de corolles rose magenta à cœur strié de noir, atteignant 4 cm de diamètre, de fin juin aux gelées. Ce géranium aime le soleil, éventuellement la mi-ombre, où il sera légèrement moins florifère.
- ***Geranium* 'Orion' :** d'une touffe de beau feuillage découpé, de 50 cm à 70 cm en tous sens, s'échappent des fleurs bleu intense, à cœur blanc, très lumineuses, de 3 cm de diamètre, de juin à octobre.
- ***Geranium* 'Jolly Bee' :** il possède des fleurs bleu lumineux, veinées de pourpre, à centre blanc qui mesurent 3 cm de diamètre et s'épanouissent de mai à octobre. Les tiges s'étalent sur 50 à 60 cm.

Les marguerites, naïves fleurs des champs et des jardins

Vous souhaitez que votre jardin ait une allure champêtre ? Adoptez des marguerites!

Avec leur air «bon enfant», elles sont résistantes à la pollution, au temps qui passe, au temps qu'il fait, qu'elles soient les grandes marguerites des jardins, aux larges fleurs, ou les foisonnantes sauvageonnes qui jalonnent prés, chemins et talus.

Les premières, *Leucanthemum x superbum*, vivaces, et les secondes, *Leucanthemum vulgare*, bisannuelles se comportant parfois en vivaces, sont des classiques des jardins de curé et des jardins de campagne ensoleillés.

On les aime pour leur vigueur et pour leurs hautes tiges qui jaillissent au-dessus du feuillage épais, vert sombre, brillant et denté. Elles se plaisent en sol ordinaire, plutôt drainé, frais si possible.

Les grandes marguerites conviennent aux massifs de vivaces. Elles existent en diverses variétés, dont certaines à fleurs doubles. Quant aux marguerites des champs, elles sont parfaites pour animer les prairies fleuries, pour garnir les pentes et les endroits difficiles mais ensoleillés.

Semez les bisannuelles, seules ou en mélange, en vrac, dans des coins un peu oubliés, mais ensoleillés. Elles vont se naturaliser. Plantez les vivaces en automne.

VOICI QUELQUES VARIÉTÉS :

- **'Aglaia' :** elle a des fleurs blanches, doubles, et mesure 60 à 70 cm de haut.
- **'Étoile d'Anvers,'** la plus commune a de grandes fleurs simples, blanches à gros cœur jaune, et mesure entre 60 et 80 cm de haut.
- **'Fiona Coghill' :** très double, fleurit blanc crème et est ornée d'un cœur chartreuse. Elle mesure 50 à 60 cm.
- **'Broadway Lights' :** elle s'épanouit en fleurs semi-doubles, jaune beurre. Elle mesure entre 50 et 70 cm.
- **'Petite Princesse d'argent' :** elle ne dépasse pas 30 cm de haut. Idéale en bordure, elle présente des fleurs simples, blanches.

Gaura lindheimeri.

D'autres vivaces...

Le gaura

Légères, presque impalpables, les fleurs des *Gaura lindheimeri* volettent comme des papillons, accompagnant joliment rosiers et autres vivaces de juin aux gelées. Préférez les cultivars plus petits – entre 60 et 80 cm de haut –, ils se tiennent mieux. En région froide, ces plantes se comportent parfois en annuelles, mais pas de souci, elles font des bébés à foison, surtout elles peuvent se ressemer dans le gravier.

Le bidens

Des fragrances miellées pour cette vivace prolixe. Beaucoup plus florifère que la plante type aux étoiles jaune d'or, *Bidens aurea* 'Hannay's Lemon Drop' illumine le jardin de ses fleurettes à 5 pétales jaune canari à pointes blanches, de juillet à novembre. Leur cœur foisonnant attire abeilles et papillons. Envahissant ? Un peu, mais pas invasif! Évitez de le planter à côté de voisines trop timides : mariez-le plutôt à des asters, pour de superbes scènes de fin d'été, hautes de plus de 1 m.

Bidens aurea 'Hannay's Lemon Drop'.

L'érigéron

Seule, une fleur d'*Erigeron karvinskianus* passe inaperçue, simple petite et fine pâquerette, mais elle est toujours accompagnée d'une myriade de «copines». Les touffes deviennent vite spectaculaires, en coussins denses et dodus, si le sol est très drainé. Cette plante, que l'on nomme parfois vergerette, se ressème dans les graviers, s'installe dans les murets aux pierres disjointes, le long d'un escalier et colonise le moindre interstice...

La valériane des jardins

Rien ne fait peur à *Centranthus ruber*, ni la sécheresse, ni le manque de terre : il suffit de voir des murs et des talus recouverts de ses inflorescences roses, pourpres ou blanches pour en être assuré!

Comme elle commence à fleurir en tout début de printemps, rabattez les touffes de trois quarts en juin, pour obtenir une longue floraison estivale.

Les pivoines herbacées

On retrouve ces plantes aux fleurs de soie au fond des jardins oubliés. C'est dire qu'elles sont résistantes. Un seul inconvénient ? Leur floraison, en mai, est fugace. Elles ne fleurissent que quelques jours par an, mais vivent centenaires, robustes et charmantes. Il ne faut pas manquer les deux week-ends où leur beauté est à leur apogée. Mais comme il y a une journée ou deux de travaux à prévoir à cette époque, à vous de vous organiser pour profiter en même temps de ce somptueux épanouissement.

Elles mesurent environ 80 cm de haut et leur feuillage disparaît pendant l'hiver. La sortie des jeunes pousses drues, rouges ou vert fluo, marque la fin de la mauvaise saison. Puis la floraison soyeuse, brève mais époustouflante, de fin avril à début juin, suivant les variétés, fête la plénitude du printemps. Le feuillage, très décoratif, se colore souvent d'orange, de bronze, de pourpre, de rouille au fil des mois, surtout s'il y a un peu de pluie en septembre.

Installez-les en plein soleil, dans un endroit très aéré. Elles aiment une terre profonde et bien drainée, neutre ou légèrement calcaire. Enterrez à peine les bourgeons, juste sous la surface du sol.

SUPERBES COMPOSITIONS

Effet garanti, avec les opulents bouquets de pivoines. Afin qu'ils durent quelques jours, cueillez les tiges au moment où le bouton laisse juste entrevoir la couleur des fleurs. Et posez le vase sur un support où les pétales, en se détachant, vont pouvoir former une belle jonchée.

Outre de grands classiques comme la **pivoine officinale,** reine des vieux jardins, une sauvage née en Europe et cultivée depuis fort longtemps en qualité de ses vertus médicinales, il existe une multitude de variétés, diversifiées, froufroutantes ou simples, botaniques ou hybrides de ***Paeonia officinalis*** et de ***Paeonia lactiflora*, la pivoine de Chine.**

Pivoines tenuifolia

Les pivoines de Chine, à grosses fleurs doubles, sont les reines des bouquets. Mais les japonaises et celles à fleurs simples méritent aussi une place de choix dans les jardins, surtout dans les jardins «naturels» où elles se mêlent avec grâce aux vivaces champêtres et aux graminées. Les fleurs étant plus légères, elles accordent moins de prise au vent et supportent mieux les intempéries.

Contrairement à une idée fort répandue, toutes les pivoines ne sont pas parfumées. C'est *Paeonia lactiflora*, la pivoine de Chine, très odorante, qui a donné naissance à de très nombreux hybrides qui embaument le citron, la rose ou le thé vert.

QUELQUES BOTANIQUES (À FLEURS SIMPLES) :

- ***Paeonia officinalis*** **:** grandes fleurs rose foncé, presque rouges.
- ***Paeonia mlokosewitschii*** **:** grandes fleurs jaunes, en coupe.
- ***Paeonia tenuifolia*** **:** fleurs rouge vif, globuleuses. Feuillage fin, presque plumeux.
- ***Paeonia lactiflora*** **:** fleurs blanches, parfumées.

DE FORME JAPONAISE, HYBRIDE DE LACTIFLORA :

- 1 ou 2 corolles et un cœur foisonnant composé d'étamines ou de pétales déformés les caractérisent.
- ***Paeonia*** **'Bowl of Beauty' :** fleurs roses à cœur jaune pâle.
- ***Paeonia*** **'Westerner' :** fleurs roses très pâles.

QUELQUES VARIÉTÉS À FLEURS DOUBLES, PARFUMÉES (DITES DE CHINE) :

- **'Duchesse de Nemours' :** blanc pur.
- **'Sarah Bernardt':** rose nacré.
- **'Philippe Rivoire' :** rouge cramoisi.
- **'Madame Furtado' :** rose vif.

QUELQUES INSOLITES :

- **'Rigolote' :** fleurs presque simples, rouges avec des étamines rouges et jaunes, en tire-bouchon.
- **'Chocolate Soldier' :** fleurs simples, acajou presque chocolat. Cœur rouge et jaune.
- **'White Innocence' :** cette pivoine à fleurs blanches peut dépasser 1,50 m.
- **'Tango' :** fleurs simples rouges, avec un cœur où se mêlent de fines étamines jaune pâle et des pétales du même rouge que la corolle.

L'iris des jardins

On retrouve l'iris dans les jardins abandonnés ou vivant sans entretien le long des maisons. Avec ses longues feuilles en forme de glaive, il est reconnaissable au premier coup d'œil. Robuste, résistant à la sécheresse, il se multiplie au fil des ans par ses rhizomes apparents, mais devient de moins en moins florifère. C'est pour cette raison qu'il faut le dédoubler régulièrement, tous les 3 ou 4 ans, entre juillet et septembre.

Plantez-le en sol bien drainé, ordinaire, même calcaire, au soleil. Il déteste les terres mouillées, humides et acides. Installez, à l'avant, une plante buissonnante (les géraniums vivaces sont parfaits) pour cacher sa base après la floraison. N'hésitez pas à semer quelques annuelles, à la volée, entre ses pieds : coquelicots, capucines, soucis, pavots, malopes, juliennes, lins, coquelourdes, nigelles, belles-de-jour et belles-de-nuit.

Il se décline en myriade de variétés, allant de 20 cm à 1 m de hauteur, et dans des couleurs extraordinairement variées. Certaines sont même parfumées! S'ils fleurissent d'avril à juin, certains sont même remontants. Tous sont parfaits pour fleurir les talus, d'autant plus que leurs rhizomes retiennent la terre. En avril, les **iris miniatures** colorent massifs, rocailles et bordures.

Iris germanica 'Pink Attraction'.

Les lilliputs, les intermédiaires et les grands (cette classification se fait en fonction de leur taille) fleurissent un peu plus tard, en mai et juin. Ils accompagnent les rosiers et donnent de la verticalité aux massifs de vivaces.

PARMI NOS PRÉFÉRÉS, TOUS REMONTANTS :

- ***Iris germanica* 'Rosalie Figge' :** il peut atteindre 1 m de haut, avec une robe de velours violet pourpré et une barbe violette poudrée de blanc. Ce grand iris vigoureux est doté d'un parfum subtil.
- ***Iris germanica* 'Pink Attraction' :** avec ses pétales rose pêche et sa barbe mandarine, il est très florifère. Il mesure 80 cm.
- ***Iris germanica* 'Striking' :** c'est la délicatesse assurée, avec ces fleurs aux pétales marbrés de rose et aux sépales blancs. Avec son parfum fleuri, cet iris convient aux jardins romantiques. Il mesure 80 cm de haut.
- ***Iris* 'Snow Melt' :** il s'épanouit bleu céleste avec des reflets glacier et une barbe bleu bleuet, sur des tiges de 85 cm de haut. Cela donne un camaïeu très élégant, dont le charme est prolongé par un doux parfum.

Les hémérocalles

Encore une plante, surtout dans l'espèce orange, *Hemerocallis fulva*, qui traîne dans les jardins oubliés. D'office, vous pouvez adopter ce genre de végétaux dans un jardin de week-end, car cela signifie qu'ils n'ont guère besoin de vous pour vivre. Mais un minimum de soins leur assure une plus belle allure! Si les fleurs des hémérocalles attirent tous les regards en fin de printemps, le feuillage rubané séduit pendant de longs mois. Souple, il est intéressant de mars à octobre – voire plus, car parfois il est semi-persistant –, et structure les massifs.

Ces vivaces se plaisent en tous sols, au soleil ou à ombre légère. Bien qu'elles poussent en sol ordinaire, même calcaire, plantez-les de préférence en sol drainé, riche, profond et frais, elles n'en seront que plus belles. Évitez les terres détrempées ou complètement sèches.

Elles fleurissent, pour la plupart, juste avant l'été. Mais certaines s'épanouissent plus tard et même remontent. La particularité des fleurs est de ne vivre qu'une journée. Mais le lendemain, d'autres sont arrivées. Ce qui lui donne le surnom de lis d'un jour, leurs inflorescences ayant une certaine ressemblance avec cette bulbeuse.

NOS PRÉFÉRÉS :

- Les **hémérocalles jaune citron – *Hemerocallis lilioasphodelus*, syn. *Hemerocallis flava*** – sont très parfumées. Les fleurs s'ouvrent le soir. Les touffes atteignent 90 cm de haut sur autant de large au bout de 3 à 4 ans.
- **'Enfants des cités' :** elle se place facilement, grâce à sa petite taille, car elle ne dépasse guère 60 cm de haut. Rose pêche, marqué de pourpre, avec un cœur jaune, cette hémérocalle, à la forme étoilée toute simple, s'épanouit en mai-juin. Elle fait merveille en bordures ou en massif.
- **'Gentle Shepherd' :** d'un blanc pur, au cœur chartreuse, elle fleurit en mai-juin, sur des tiges de 75 cm de haut. À adopter sans hésiter, car les hémérocalles blanches sont rares. Son feuillage est semi-persistant.
- **'Histoire d'araignée' :** elle s'épanouit en mai-juin, en une multitude d'étoiles jaune pâle. Les touffes s'installent vite et mesurent 70 cm de haut.
- **'Look Away' :** ses pétales orange ornés de roux et éclairés d'une ligne jaune pâle sont joliment frisottés. Mesurant 75 cm, cette hémérocalle au feuillage semi-persistant fleurit en juin-juillet.

- **'Ruby Spider' :** sa fleur est grande (20 cm de diamètre), mais comme elle est bien équilibrée, elle garde un côté naturel. Sa teinte pourpre, avec une note rouille, fait beaucoup d'effet au milieu de fleurs jaune pâle. Elle atteint 80 cm de hauteur.
- **'Raspberry Pixie' :** elle est parfaite pour une bordure qui ne dépasse pas 30 cm de haut. Elle fleurit en juin-juillet, framboise avec un cœur jaune d'or. Elle est très parfumée... mais vu sa taille, il faut se mettre à quatre pattes pour la sentir!
- **'Graal' :** elle mesure 90 cm de haut. Parfumée et remontante, elle arbore de larges fleurs rouges à reflets pourpre et bleuté, bordé d'un fin liseré.
- **'Double Pop Art' :** avec son doux parfum, elle fleurit double, jaune beurre, avec un cœur plus sombre, en juin-juillet. Elle mesure 90 cm.
- **'Siloam Bo Beep' :** vigoureuse et prolifique, avec ses 45 cm de hauteur, elle forme de jolies bordures. Les fleurs parfumées osent le rose orchidée, avec un œil bordeaux et un cœur chartreuse.
- **'Midnight Magic' :** elle mesure 70 cm. Bordeaux presque noire, c'est l'une des plus sombres du genre. Elle fait beaucoup d'effet en compagnie de fleurs rose pâle ou jaune pâle. Le feuillage est semi-persistant, et elle est remontante, fleurissant en mai-juin et à nouveau en septembre.

Les dahlias

Non, non ce n'est pas une erreur! Les dahlias sont bien des bulbeuses, et là, on les retrouve dans les vivaces. Dans ce jardin, où vous ne vivez pas à longueur d'année, vous n'allez pas vous amuser à sortir de terre les bulbes, et à les hiverner dans l'appentis. Donc, sauf en région à hiver froid où on ne les plante pas, on peut les considérer comme des plantes pérennes, à installer au soleil. Si dès la première gelée les souches sont protégées par un épais manteau de fougères sèches, de paille ou de feuilles mortes, les dahlias résistent jusqu'à -12 °C à condition que le sol soit drainé. Vont-ils geler certaines années ? Prenez le risque, car ce sont des plantes idéales pour l'été.

Elles demandent peu de soins et fleurissent pendant de longs mois. C'est en mai que s'effectue la plantation, lorsque les gelées ne sont plus à craindre. Les dahlias poussent dans toute bonne terre de jardin, c'est-à-dire en sol riche, profond, frais et drainé. En sol léger et sablonneux, apportez du compost; en sol lourd et collant, ajoutez du sable à gros grains au compost.

Plantez les rhizomes, lorsque la terre est légèrement réchauffée, à 20 cm de profondeur. Distancez les grands de 80 cm, les moyens de 60 cm, les petits de 30 cm. Dès que le feuillage apparaît, arrosez et paillez. Renouvelez le paillage régulièrement. Pincez les tiges lorsqu'elles atteignent 20 cm pour les aider à se ramifier, pour obtenir des touffes plus solides. Ensuite, ils vont pousser tout seuls et très rapidement. Raffinés ou opulents, mini ou géants, il y a toujours des dahlias pour fleurir rapidement le jardin. Supprimez les fleurs fanées régulièrement. Évitez les variétés hautes, qui ont besoin d'un tuteur. Le seul risque, c'est de voir les limaces se régaler des jeunes pousses. Faites des barrières de graviers, de cendre, de sable et autres «trucs» de grand-mère pour les décourager. Exceptionnellement, utilisez des granulés de Ferramol, compatibles avec la culture biologique.

i NOS PRÉFÉRÉS :

- **'Fascination' :** avec ses fleurs de pivoine à l'abondante floraison rose vif à cœur brun et étamines jaunes, il est fort élégant avec son feuillage bronze. La plante mesure 85 cm de haut et les fleurs, de 8 à 10 cm de diamètre.
- **'Procyon' :** les fleurs de ce dahlia décoratif ont des pétales jaune d'or se terminant en pointes effilées de couleur vermillon, ce qui donne un aspect hérissé. Il mesure environ 1 m. Plus large que haut, il a une silhouette trapue.
- **'Honka Wit Nordstar' :** il mesure 60 cm et la fleur a un diamètre de 10 cm. Les fleurs blanches ont des pétales fins, légèrement incurvés et détachés les uns des autres, formant une étoile au cœur foisonnant d'étamines d'or.
- **'Le Croco' :** il mesure 60 cm et la fleur, 8 cm. Sur un feuillage sombre et très découpé, se détachent de ravissantes fleurs simples. Les pétales pêche à base corail entourent un joli cœur d'étamines.
- **'Ambition' :** il mesure 90 cm. La grande fleur double de ce dahlia cactus, 20 cm de diamètre, est pourpre violet, avec des pétales étroits, pointus, enroulés sur leur axe, ce qui leur donne une allure hérissée.
- **'Café au lait' :** avec ses multiples pétales aux teintes délicates, classé dans les décoratifs, il est l'un des plus élégants et spectaculaires. Il est grand, c'est vrai : presque 1,50 m. Il a besoin souvent de tuteurs, mais il est si beau! Ses fleurs très doubles balancent entre l'ivoire, le beige rosé et l'abricot, avec parfois une larme de carmin.

Dahlia 'Procyon'.

Les rosiers sans taille... ou presque !

Un jardin sans rosiers, n'est-ce pas un peu fade ? Lorsqu'il n'est pas possible de les surveiller de près, il faut faire un choix drastique : ils doivent être d'une santé à toute épreuve et nécessiter peu de taille. Il y en a de toutes les tailles, de 40 cm à plus de 2 m.

Les plus grands, utilisés en isolé sur une pelouse, ou groupés par trois, plantés en quinconce, font beaucoup d'effet. Ils forment aussi de belles haies fleuries ou servent d'ossature à un massif de vivaces. Les plus petits entourent le potager, couvrent le sol et excellent en bordures éclatantes.

Même s'ils poussent presque dans tous les sols, si vous soignez la plantation ils n'en seront que plus beaux. Faites un bon trou de 40 cm en tous sens, ajoutez du compost à la terre d'origine, arrosez après la plantation et arrosez l'été qui suit la plantation.

Le seul entretien consiste à tailler la plante pour limiter son exubérance. Au bout de quatre ou cinq ans, supprimez régulièrement une vieille branche. Et n'oublions pas les grimpants...

Rosier 'Bonica'.

Les rosiers buissons, rosiers-paysage

Nés très récemment, les rosiers-paysage, à floraison continue, exempts de maladies et très rustiques, forment de belles masses colorées. Ils sont indispensables dans les jardins que l'on ne chouchoute pas chaque jour. Mais il existe aussi de bons vieux classiques comme les rosiers Rugosa, ceux que l'on nomme les rosiers d'autoroute, car, plantés le long des voies rapides, ils fleurissent sans taille tout en supportant les gaz d'échappement.

Vigoureux et florifères

Précurseurs, il y eut les rosiers polyanthas, créés vers la fin du XIXe siècle. 'Pâquerette', créé par Guillot en 1875 fut le premier hybride de *Polyantha*. Les rosiers polyanthas offrent une floraison presque continue, importante et chatoyante. Les fleurs ressemblent à de petites roses anciennes, bien doubles, groupées en bouquets lâches. Le port est buissonnant et reste petit. Pour toutes ces caractéristiques, les rosiéristes s'intéressent alors à cette plante qui devient chef de file d'un nouveau groupe. Beaucoup peuvent être cultivés en pots, grande nouveauté. Mais cette famille fut vite éclipsée par les rosiers *Floribunda*, dans les années 1930.

Dans les années 1970, paysagistes et rosiéristes s'intéressent aux rosiers capables de fleurir dans des terrains défavorisés, avec un minimum de soins. Pas de parfum, pas de grosses fleurs, mais une santé de fer! C'est ainsi que naissent 'La Sevillana' et 'Emera' couverts de récompenses, vite rejoints par des variétés d'allure plus naturelle : 'Rush', 'Bonica', 'Ferdy', 'Opalia', etc.

PARMI NOS PRÉFÉRÉS, ILS S'ÉPANOUISSENT DE MAI-JUIN AUX GELÉES :

- **'Bonica' :** il a le charme des roses anciennes, avec d'innombrables petites fleurs roses de bonne tenue. Il mesure environ 1 m en tous sens. Comme c'est un rosier naturellement résistant aux maladies, aux parasites et à la pollution, il a sa place partout. Avec son port érigé, il convient aux haies basses, aux talus, aux bordures. Si vous souhaitez le planter en isolé, installez 5 ou 7 pieds, voire plus. Si vous avez le temps, supprimez les fleurs fanées, mais plus du tout après septembre, pour profiter, ensuite, d'une jolie fructification.
- **'Sally Holmes' :** il est impressionnant, lorsqu'il se couvre de larges fleurs semi-doubles, blanches teintées d'ivoire et de rose nacré. Ce buisson mesure jusqu'à 1,80 m de haut, et presque autant de large. Très remontant, robuste, ce rosier spectaculaire fleurit en grands bouquets où chaque rose légèrement parfumée peut mesurer 8 cm de diamètre. Magnifique en haie libre, en fond de massif, en isolé. Comme tous les floribunda, ce rosier demande peu de soins. Ôtez les fleurs fanées à chaque fois que vous arrivez et pratiquez une taille de nettoyage, en mars. Palissé, il peut être employé en petit grimpant.

- **'Rose du Soleil' :** il mesure 40 cm de haut et peut s'étaler sur 1 m. C'est le rosier couvre-sol idéal, à fleurs simples, blanc pur, maquillées d'étamines dorées. Avec son port étalé, rampant, dense, ses branches bien ramifiées et sa floraison ininterrompue, il convient aussi bien à la plantation en talus qu'en bordure. Ce rosier sain vit pratiquement sans soins. Comme pour tous les couvre-sol, le terrain doit être très bien désherbé, car ensuite il est difficile de nettoyer sous la plante.
- **'Ballerina' :** ce grand classique, né il y a plusieurs décennies, est un grand arbuste gracieux, aux larges bouquets de petites fleurs simples, roses, au cœur plus clair. On ne peut s'en passer, avec son feuillage brillant, très sain, et ses branches souples toujours couvertes de fleurs légèrement parfumées. Il est parfait aussi bien en haies libres qu'en fond de massif. Comme il supporte très bien la chaleur, il convient aux régions méditerranéennes. Il mesure, en tous sens, entre 1 m et 1,60 m.

Les grimpants

NOTRE PRÉFÉRÉ ?

Celui qui peut vraiment vivre seul ? ***Phyllis Bide.***

Même s'il n'est pas parfumé, *Phyllis Bide* mérite «la» place de choix : il est très sain, ne demande aucune taille, fleurit tout l'été et pousse même à mi-ombre. Mais, placé en plein soleil, la durée de floraison est exceptionnelle et perdure tout l'hiver s'il n'y a pas de gelée.

Le tout petit feuillage bronze au départ de végétation devient vert tendre et se couvre de très nombreux bouquets de toutes petites fleurs doubles, abricot en boutons, s'ouvrant ivoire, jaune beurre, abricot et rose. Il ne dépasse guère 3 à 3,5 m de haut.

S'il n'a pas besoin de taille, un nettoyage, en mars, est conseillé. Ôtez une vieille branche, pour rajeunir la plante, supprimez les tiges faibles, indisciplinées et raccourcissez des deux tiers les branches trop vigoureuses.

Coupez le bois mort, guidez les branches harmonieusement sur leur support. Vérifiez régulièrement les attaches, car il n'a rien, si ce n'est ses épines, pour s'accrocher. Ce petit rosier se conduit à merveille sur un claustra, qu'il tapisse entièrement. Il s'adosse bien sur le mur, près de la porte d'entrée, ou prend des allures campagnardes dès qu'il court sur une barrière.

'Phyllis Bide'

D'AUTRES GRIMPANTS QUI POUSSENT PRESQUE TOUT SEULS :

- **'Pink Cloud' :** ses grandes fleurs framboise se succèdent sans discontinuer de mai aux gelées, parfois jusqu'à Noël.
- **'New Dawn' :** ce grand classique rose nacré pousse à l'ombre et fleurit légèrement tout l'été.
- **'Narrow Water' :** il illumine son support de ses bouquets de petites fleurs rose mauve, semi-doubles, de mai à décembre. Il est parfait pour grimper dans un petit arbre.

Les magiques rosiers lianes

Pour transformer votre jardin en lieu féérique, laissez les rosiers lianes vivre libres, cascader dans les arbres, jouer à cache-cache avec les oiseaux...

Les tiges des rosiers lianes s'agrippent aux branches des arbres pour atteindre le sommet, parfois jusqu'à 10 m de haut, avant de retomber en guirlandes de petites fleurs presque sauvages. Habillez, d'un rosier liane, un vieux fruitier improductif, un arbre mort à l'élégante silhouette ou un arbre vivant, mais sans un grand intérêt ornemental. Très vite, ces végétaux ne vont plus faire qu'un, s'animant en fin de printemps, à la floraison des roses, puis en automne, lors de la fructification. Ils habillent aussi avec grâce un grand mur ou une tonnelle. La floraison exceptionnelle explose en mai-juin, voire en juillet. Ces rosiers se font oublier pendant l'été ? À l'automne, la fructification, composée de milliers de fruits orange ou rouges, leur confère une beauté incomparable et fait le régal des oiseaux. Mais il en existe quelques-uns, créés récemment, qui fleurissent tout l'été, comme 'Roville'.

Dans votre jardin de week-end, préférez l'installation dans un arbre, où vous les laissez vagabonder comme ils en ont envie, tandis que sur une façade, il faut les palisser et les juguler régulièrement.

Vigoureux, ils méritent d'avoir leur place dans tous les jardins. Un vieux pommier, un poirier qui donne peu de fruits ? Voilà l'endroit tout trouvé pour installer un rosier liane.

PARMI NOS PRÉFÉRÉS :

- **'Neige d'Avril' :** aux fleurs blanches, doubles, réunies en légères inflorescences.
- **'Kew Rambler' :** ses ravissantes églantines rose nacré à œil blanc sont groupées en énormes bouquets.

- **'Wedding Day' :** aux larges églantines ivoire se teintant parfois de jaune pâle, parfois de rose.
- **'American Pilar' :** couleur carmin.
- **'Apple Blossom' :** rose nacré.
- **'Bobby James' :** aux fleurs blanches suivies d'innombrables fruits orange.
- **Des remontants :**
- **'Mermaid',** aux très larges églantines jaune pâle.
- **'Mme Solvay',** rose carmin.
- **'Roville',** larges églantines rose brillant.

Pour les gourmands

Potager, verger, petits fruits, herbes aromatiques... Avec des variétés bien choisies, vous pourrez déguster de petits trésors gustatifs à chaque venue, et en rapporter à la fin du week-end!

Les légumes vivaces

Un potager traditionnel est compliqué à suivre, si l'on n'y travaille pas un minimum chaque jour. Et il y a obligatoirement des week-ends à la campagne qui vont «sauter» pour diverses raisons. Heureusement, il y a la solution des légumes vivaces...

Si vous souhaitez des légumes annuels, préférez l'achat de jeunes plants plutôt que des graines à semer. Choisissez des salades à couper, qui ne montent pas. **Les légumes vivaces** font le bonheur des jardiniers disposant de peu de temps pour semer et entretenir un potager classique. Ces légumes vivaces s'associent parfaitement aux plantes aromatiques pérennes. Certains ont besoin d'une place importante, comme l'artichaut, d'autres, tel le poireau perpétuel, se casent partout.

Le poireau sauvage

Vivace, c'est l'ancêtre des poireaux de nos potagers. On le trouve dans les vignes, sur les bords de chemin, surtout dans le sud de la France. Il se multiplie par bulbilles et forme, au fil des ans, de belles touffes de nombreux poireaux de petite section, au goût plus fin que celui des poireaux ordinaires.

Il rentre en dormance en été, pour mieux réapparaître à l'automne, plus important que la saison précédente, pouvant atteindre 80 à 90 cm de haut en sol travaillé et enrichi de compost. Plantez-le au soleil, en terre drainée. Même s'il a une préférence pour les terres calcaires, il s'accommode de tous sols. On ne le prélève pas entièrement : c'est en laissant son bulbe en terre qu'il se multiplie. Il peut subir plusieurs coupes dans l'année.

Le maceron

Semez ou procurez-vous un pied de maceron : votre potager sera métamorphosé par cette opulence hivernale, car la touffe au feuillage ample peut dépasser 1 m en tous sens. Née en Europe méridionale, cette plante arbore un jeune feuillage en septembre. On cueille ses feuilles jusqu'au printemps. Ensuite, elle fleurit en ombelles jaune chartreuse, forme ses graines, se ressème, avant de disparaître en début d'été. C'est le moment où l'on commence la récolte des racines. Car tout se mange, dans le maceron : les jeunes pousses et les feuilles au fil des besoins, crues ou cuites, à petites doses, car le parfum de myrrhe et la saveur de céleri sont puissants. Les jeunes fruits et les boutons floraux se confisent dans le vinaigre. Les fleurs font d'exquis beignets. Les racines se mangent crues ou cuites.

Les fruits mûrs, moulus, s'utilisent comme épice. Si vous laissez quelques racines en terre, vous retrouvez le feuillage chaque année.

Le chou de Daubenton

Chou vivace aux nombreuses têtes, décoratif toute l'année, il peut vivre 4 ans, voire plus, à condition que ses jets soient récoltés régulièrement. Il a besoin de 80 cm en tous sens pour bien se développer, en sol frais, profond, riche en humus. Les jeunes et tendres rameaux se préparent en potée, en soupe, mélangés à d'autres légumes... Il existe une forme panachée, légèrement moins vigoureuse.

La rhubarbe

Spectaculaire et se prêtant à mille recettes, elle a sa place dans tous les jardins. Capable de vivre au même endroit pendant plus de 10 ans, voici une belle, délicieuse et décorative vivace, à installer aussi bien au potager qu'au jardin d'ornement.

Plantez quelques pieds, au soleil, dans un sol enrichi de compost. N'hésitez pas à laisser monter en fleurs une ou deux touffes : elles sont majestueuses, tant par le feuillage que par les panicules ivoire! Concoctez compotes, confitures et tartes, sans oublier que la rhubarbe est aussi un légume, parfait en accompagnement de viandes blanches et de poissons gras. Attention, seules les tiges, que l'on épluche, se consomment : les feuilles sont toxiques. Mais ne les jetez pas : elles font de belles décorations, en bouquet, ou pour présenter des fruits sur la table.

La roquette vivace

Diplotaxis tenuifolia se consomme en salade ou comme condiment, car sa saveur est très marquée. On la trouve sauvage, sur le pourtour méditerranéen et le long des littoraux. Elle forme des touffes robustes de 30 à 60 cm de haut, avec une base ligneuse, garnie de longues feuilles découpées et disposées en éventail.

Les fleurs jaune soufre à 4 pétales, typiques des Brassicacées, comme le chou, s'épanouissent dès

juillet. Froissez une feuille, vous ne pouvez pas vous tromper tellement le parfum est prégnant, piquant et aromatique. Elle se récolte, feuille par feuille, de mai aux gelées, et toute l'année en climat doux. Pour l'installer au potager ou au jardin d'herbe, vous pouvez acheter un plant chez un pépiniériste spécialisé ou récupérer des graines dans la nature. Les premières mûrissent dès août : semez-les aussitôt, au soleil doux ou à mi-ombre, en sol drainé.

À peine recouvertes de terre, bien tassées et arrosées, elles lèvent rapidement. Si la roquette se plaît, elle va se ressemer où bon lui semble, dans les endroits les plus incongrus.

Le céleri perpétuel

Plutôt plante aromatique que vrai légume, le céleri perpétuel, appelé aussi livèche ou ache des montagnes, peut atteindre 2 m de haut. Soupe, sauce, pot-au-feu, potée, quiche... La livèche parfume de nombreux plats.

Le chénopode Bon Henri

Plante sauvage de nos campagnes, le chénopode Bon Henri se développe en touffes et donne, dès avril, de nombreuses feuilles triangulaires, vert foncé, presque farineuses en dessous, au goût délicat, succulent et très doux. Il se prépare comme des épinards.

Voici une liste non exhaustive d'autres légumes vivaces. Adoptez-en le plus possible, afin d'avoir des récoltes à chaque fois que vous franchissez le portillon du jardin.

Asperge, artichaut, cardon, oignon rocambole, oseille, entre autres...

Fraisier des bois 'Reine des vallées'.

Des fraises, pour le printemps et l'automne

Ces fruits, traditionnellement, se cultivent au potager.

À l'automne de préférence, afin que les pluies automnales et hivernales les abreuvent suffisamment, plantez plusieurs rangs de fraisiers, en différentes variétés. Associez remontants et non-remontants, pour des récoltes échelonnées. Si vous attendez novembre, vous pouvez trouver certaines variétés à racines nues, ce qui permet des économies substantielles.

Dans un sol bien préparé, frais, humifère et fertile, meuble, bien drainé, non calcaire, tracez des lignes droites, espacées de 50 cm. Dans chaque ligne, installez une variété différente. Faites des trous tous les 35 cm, installez un plant, rebouchez en mélangeant une poignée de compost à la terre.

Attention de ne pas enterrer le collet. Tassez, arrosez, puis paillez. En juin prochain, si nécessaire, vous rajouterez une couche de paillis.

Ce paillis conserve la fraîcheur et évite la poussée des herbes indésirables et les fruits restent propres, même par temps de pluie.

Vivaces et prolifiques

Les fraisiers forment des stolons, que l'on appelle filets. Ce sont des longues pousses qui s'enracinent, pour donner de nouveaux pieds.

En automne, lorsqu'il n'y a plus de fruits, conservez les plus beaux stolons, si vous désirez avoir de nouveaux plants, et supprimez les autres. Tous les trois ans, pour une meilleure production, renouvelez la plantation, à un autre endroit, en récupérant des stolons racinés.

Pour des cueillettes échelonnées

Les fraisiers non remontants donnent d'énormes récoltes en mai-juin. Les remontants sont moins généreux au printemps, mais ils offrent leurs fruits sur plusieurs mois.

QUELQUES REMONTANTS :

- **'Mara des Bois' :** fruit rouge brique, fruité, sucré, avec une note sauvage de fraise des bois.
- **'Cirano' :** chair ferme, juteuse, fine et sucrée pour cette fraise issue de 'Mara des bois'.
- **'Anaïs' :** fruit rond et orangé, au parfum des fraises de notre enfance.
- **'Ostara' :** petit fruit rond, rouge vif, à la chair fondante, légèrement acidulée.
- **'Sweet Ann' :** gros fruit, parfait en pâtisserie.
- **'Reine des vallées' :** toute petite fraise très parfumée, à la saveur de fraise des bois.

QUELQUES NON-REMONTANTS :

- **'Belrubi' :** gros et long fruit rouge groseille, à utiliser en confiture ou en pâtisserie. Il se congèle bien.
- **'Mme Moutot' :** variété ancienne, à la saveur authentique. Gros fruit rouge foncé, sucré, juteux, se conservant bien, parfait en pâtisserie.
- **'Gigantella' :** sûrement la plus grosse des fraises, ce qui ne l'empêche pas d'être goûteuse, avec une chair ferme et juteuse, idéale en confiture.

Fleurissez le potager

Traditionnellement, les dahlias et les amarantes ont leur place au potager qui ne se contente plus de produire : il est de plus en plus conçu pour être esthétique.

On y plante des fleurs, à cueillir sans vergogne et à manger. Si les fleurs apportent l'élégance et la gaieté au milieu des légumes, elles participent avant tout à la diversité nécessaire pour créer un équilibre entre faune et flore. Plus il y a de plantes différentes, moins il y a de maladie et de parasites, car cette diversité favorise la venue des auxiliaires naturels. **Œillets d'Inde, soucis, capucines, hémérocalles, cosmos...**

Les aromatiques

Un jardin d'herbes, si petit soit-il, apporte des satisfactions intenses. Les condimentaires ne sont pas utiles qu'en cuisine : ravissantes, elles participent au décor du jardin et, mellifères, attirent les insectes pollinisateurs. Dans ce jardin où vous n'êtes pas régulièrement, oubliez les annuelles, tel le basilic. Mais il reste un choix énorme, avec toutes les aromatiques vivaces.

Faites votre marché !

C'est en connaissant leur origine et l'endroit où elles poussent, sauvages, que vous savez si elles vont s'acclimater à votre sol.

Nées dans les garrigues, comme le thym, la sarriette ou le romarin, elles aiment le plein soleil, un sol pauvre, bien drainé (c'est-à-dire sans humidité hivernale), sablonneux ou caillouteux. Les menthes, la ciboulette et la mélisse poussent dans les prairies humides, elles ont donc une préférence pour une mi-ombre et une terre fraîche.

La ciboulette, et sa grande sœur la ciboule

La petite ciboulette *Allium Schoenoprasum* (entre 20 et 30 cm de haut) et la ciboule *Allium fistulosum* (60 cm de haut) forment de jolies touffes de feuilles cylindriques et creuses.

Ces vivaces très rustiques, à racines bulbeuses, se cultivent de la même façon. Lorsque les plantes fleurissent, les feuilles deviennent dures. Si vous les laissez monter à fleurs, il suffit de rabattre les tiges qui ont fleuri pour que les feuilles tendres réapparaissent.

Elles se plaisent en sol frais, au soleil doux. Achetez des plants pour démarrer, en espaçant les pieds de 30 cm pour la ciboulette et de 50 cm pour la ciboule. Au fil des ans, vous pourrez dédoubler les touffes, en détachant les petits bulbes, et en faire de belles bordures. Tout se mange, des bulbes aux fleurs (mauves pour la ciboulette, crème pour la ciboule), en passant par les feuilles, bien sûr. Le feuillage disparaît en hiver.

La belle hysope

Bien rustique, *Hyssopus officinalis* ❶ est aussi spectaculaire qu'une lavande, lorsqu'elle fleurit en épis violets, de juin à septembre. Son feuillage semi-persistant, son port bien trapu, sa saveur très particulière – entre le thym, l'encens et le laurier – en font une plante à adopter sans hésiter. Plantez l'hysope, achetée en godet, en sol bien drainé, au soleil. Elle mesure 50 à 60 cm en tous sens. Chaque printemps, rabattez les branchettes de moitié, pour lui conserver son port trapu.

Crue, l'hysope est délicieuse dans les salades. Cuite, elle fait merveille avec les gibiers, la viande de porc et les soupes. Elle parfume délicatement les tartes à l'abricot.

QUELQUES ESPÈCES ET VARIÉTÉS :

- ***Hyssopus officinalis* 'Albus' :** épis blancs.
- ***Hyssopus officinalis* 'Rosea' :** épis roses.
- **Hyssopus 'Aristatus' :** plante dense et basse : 30 cm.

Le laurier-sauce, en arbuste ou en arbre...

Le laurier-sauce ❷, *Laurus nobilis*, est l'une des aromatiques les plus employées, souvent sous forme de feuille séchée. Cette plante peut atteindre 6 m de haut, et, avec son feuillage persistant, elle a sa place en haie, comme nous l'avons vu plus haut.

Le laurier-sauce aime un sol drainé, le soleil et déteste le vent. Évitez de le planter dans les régions à hiver trop froid. Son feuillage persistant peut être récolté toute l'année, et se prête au séchage. Très aromatique, il a une saveur épicée, amère, balsamique, appréciée dans les plats à longue cuisson, comme un pot-au-feu, une potée ou un ragoût.

L'origan commun, si parfumé

Origanum vulgare ❸ pousse sur les talus un peu partout en France. Son port buissonnant et les fleurs pourpre-mauve disposées en cymes sont très attrayantes. Plantez-le au soleil, en sol drainé.

Pour que la touffe reste élégante et que le feuillage soit consommable jusqu'à la fin de l'automne, rabattez fin juin la touffe à 10 cm du sol. Elle va se reformer très vite, toute fraîche. Vous la couperez à nouveau fin octobre.

1

2

3

Mais ne coupez pas tous les pieds, pour profiter des fleurs qui arrivent en plein été. Les feuilles fraîches ou sèches et les fleurs sont aromatiques, avec une saveur épicée, chaude et légèrement amère. Les feuilles s'utilisent crues ou cuites. Elles parfument traditionnellement les pizzas, mais aussi les viandes en sauce, les pâtes...

L'origan sèche très bien et garde longtemps son parfum. Faites sécher les tiges la tête en bas, dans un local sombre et ventilé. Conservez-les dans un bocal hermétique.

La mélisse, pour de bonnes tisanes

Appelée parfois à tort citronnelle, *Melissa officinalis* ❹ est d'une culture si aisée qu'elle est souvent envahissante. Elle forme de belles touffes régulières, au feuillage vert acidulé, de 40 à 50 cm de haut, ressemblant à de la menthe.

Plantez-la à mi-ombre ou au soleil doux, en sol frais, souple. Rabattez la plante fin juin pour qu'elle reforme une belle touffe puis fin octobre, mais surtout pour qu'elle ne fleurisse pas, sinon, gare aux semis spontanés! Vous pouvez cueillir la mélisse de mai à octobre, mais c'est en juin qu'elle possède toutes ses qualités ainsi qu'en septembre, si la plante a été rabattue fin juin, pour faire des tisanes et parfumer plats et desserts. Sa saveur est un mariage subtil de citron et de menthe.

Son parfum citronné est censé éloigner les moustiques, pucerons, aleurodes, fourmis...

IL EXISTE DEUX VARIÉTÉS ATTRAYANTES :

- **'All Gold' :** au feuillage doré.
- **'Aurea' :** au feuillage panaché vert et doré.

4

5

Menthe poivrée au jardin.

La menthe, ou plutôt les menthes !

Voici une plante robuste et même envahissante si elle se plaît ❺. Et que lui faut-il pour qu'elle ait envie de coloniser le terrain ? Les pieds au frais dans un sol ordinaire et la tête au soleil doux. Les jeunes pousses sortent dès mars. Rabattez les touffes fin juin, afin de favoriser la venue de nouvelles tiges, plus goûteuses.

Il en existe de nombreuses espèces et variétés. Pour le choix, laissez-vous guider par leur parfum, n'hésitez pas à froisser une feuille, même à la croquer. Fraîche, mentholée, légèrement piquante, la saveur classique de la menthe est bien connue. Mais les parfums et les goûts des menthes sont innombrables. Certaines ont un goût de «Ricqlès», d'autres de chewing-gum à la chlorophylle.

Certaines ont même une saveur d'agrumes ou de pomme! La menthe aromatise les salades, s'associe bien avec les petits pois, les pommes de terre, les courgettes, les concombres. En Corse, elle est de toutes les omelettes, ce qui en fait un plat rafraîchissant. Elle parfume les salades de fruits et entre dans la composition de tisanes. Évitez de consommer la menthe «Eau de Cologne» en cuisine, mais parfumez-en vos placards.

UNE TOUTE PETITE SÉLECTION, PARMI LES NOMBREUSES MENTHES QUE VOUS POUVEZ ADOPTER :

- ***M. spicata* 'Morrocan' :** la menthe verte du Maroc, aux feuilles gaufrées, vert clair, touffues. 40 cm de haut. Elles sont idéales pour le thé à la menthe et le taboulé.
- ***M. suaveolens* 'Variegata' :** elle a un très joli feuillage panaché blanc crème et vert. Elle est délicieuse en tisane.
- ***M. x piperita* :** c'est la menthe poivrée, aux tiges rouges et feuillage sombre, exquise en tisane.
- ***M. viridis* :** c'est la menthe verte d'Europe.
- ***M. x gentilis* :** son léger goût de gingembre la prédispose au mariage avec les salades.
- ***M. rotundifolia* :** ses belles feuilles rondes sont à utiliser en cuisine et en tisane.

Le romarin, si fin

Rosmarinus officinalis, petit arbuste méditerranéen, fleurit dès la fin de l'hiver. Bleu-mauve, les fleurs du romarin peuvent être roses ou blanches pour certaines variétés. Il s'acclimate relativement bien sous nos climats, s'il est exposé au plein soleil et planté en sol bien drainé. En mars, supprimez les branches abîmées, puis taillez-les juste après la floraison, assez court mais toujours au-dessus d'un départ de nouvelle branche.

Cuisinez les fleurs et les feuilles fraîches ou séchées, entières ou moulues, avec parcimonie. Le romarin a une saveur tenace, herbacée, camphrée, piquante, amère.

QUELQUES ESPÈCES ET VARIÉTÉS :

- ***Rosmarinus* 'Prostatus' :** à port rampant.
- ***Rosmarinus* 'Majorcan Pink' :** à fleurs rose clair.
- ***Rosmarinus* 'Corsican Blue' :** à tiges prostrées, bleu vif.

La sarriette épicée

La sarriette vivace – *Satureja montana* – est très proche du thym, aussi bien dans son emploi que dans sa culture. Plantez-la au soleil, dans un sol riche, léger et drainé. Taillez chaque année, en mars, en laissant toujours des départs de végétation sur les tiges. La sarriette vivace forme de jolies touffes de 30 cm et possède un feuillage semi-persistant. La saveur de la sarriette est épicée et phénolée. Elle est en accord avec les gibiers, le lapin, les salades, les soupes, les féculents.

La sauge officinale

Le genre Salvia regroupe plus de 600 espèces et des milliers de cultivars. Elles sont toutes aromatiques mais aujourd'hui c'est la sauge officinale, *Salvia officinalis*, semi-arbustive, qui nous intéresse. En cuisine, c'est la plus appréciée et elle possède mille vertus. Veloutées et persistantes, vert-de-gris, les feuilles, fraîches ou séchées, relèvent les viandes blanches et entrent dans la composition de nombreuses tisanes de santé. Plantez-la au soleil, en sol drainé. La touffe atteint 60 cm en tous sens.

Chaque année, début mars, rabattez le plus court possible les anciennes tiges, en laissant toujours un départ vert. Si vous coupez sur du vieux bois, la tige ne repartira pas. La floraison estivale en épis bleu violet est ravissante. La sauge officinale dégage un parfum balsamique bien caractéristique, très aromatique, épicé, camphré, piquant, légèrement amer. Employez-la modérément. Elle se marie bien avec les viandes de porc, le gibier, les sauces, les pommes de terre, les pâtes...

QUELQUES ESPÈCES ET VARIÉTÉS :

- **'Icterina' :** feuillage jaune et vert, floraison bleu-violet.
- **'Tricolor' :** feuillage gris-vert, crème et rose, floraison bleu-violet.
- **'Albiflora' :** feuillage gris-vert, floraison blanche.
- **'Purpurascens' :** feuillage pourpre, floraison bleu-violet.
- **'Berggarten' :** larges feuilles gris-vert, floraison bleu-violet.

Le thym, un classique

Le thym, symbole de soleil et du Midi, est un sous-arbrisseau persistant, buissonnant, qui pousse en sol pauvre et sec. Plantez-le au soleil, dans un sol très drainé, voire caillouteux. Chaque année, en mars, ou en juin-juillet, juste après la floraison, coupez court, mais toujours au-dessus de départs de branchettes, afin qu'il ne se dégarnisse pas de la base.

Suivant les variétés, il peut être étalé, rampant, dressé, buissonnant, vert, doré, panaché, mais toujours très ornemental. Il se couvre de mai à octobre de fleurs blanches, mauves ou roses qui ne gênent en rien la croissance de la plante.

Indispensable dans le bouquet garni, herbe de Provence par excellence, le thym est savoureux sur les grillades, les salades, les marinades, les fromages...

QUELQUES ESPÈCES ET VARIÉTÉS :

- ***Thymus vulgaris* :** le thym commun.
- ***Thymus citriodorus* :** le thym au fort parfum de citron.
- ***Thymus citriodorus* 'Aureus' :** parfum de citron et feuillage doré.
- ***Thymus citriodorus* 'Bertram Anderson' :** parfum citronné, feuillage vert chartreuse.
- ***Thymus serpyllum* :** le thym serpolet.
- ***Thymus pseudolanuginosus* :** le thym laineux.

Thym serpolet.

Le verger

Optez pour des fruitiers sans entretien, sans taille obligatoire, tels ces arbres de plein-vent : pommiers, poiriers, cerisiers, pruniers... Renoncez aux espaliers et autres palmettes qui demandent un suivi rigoureux.

Avant de planter, entre novembre et mars, taillez chaque branche. Coupez, au-dessus d'un œil extérieur, les deux tiers de toutes les branches verticales, et de moitié celles qui sont inclinées à 45°. Ajoutez du compost au moment de la plantation, ainsi que trois poignées d'engrais organo-minéral pour fruitiers. N'oubliez pas de le tuteurer, pour qu'il ne soit pas déstabilisé par le vent pendant les 3 ou 4 premières années.

Cerisier 'Burlat'.

Un cerisier pour les gourmands

De croissance rapide, le cerisier est un petit arbre au port élégant et à la floraison éblouissante. Sans oublier son superbe feuillage automnal. Indispensables, vraies gourmandises, les cerises célèbrent le printemps avec régularité... et les oiseaux le savent!

Les organes fertiles des fleurs de cerisier sont détruits à partir de -3 °C : renoncez si votre jardin est à plus de 1000 m. Plantez-le à l'abri des gelées tardives – en évitant les orientations nord dans les zones aux hivers froids –, en sol ordinaire, léger, non argileux, voire légèrement calcaire. Les cerises acidulées et les cerises «vraies» sont auto-fertiles. Chez les bigarreaux, portant pourtant les organes mâle et femelle sur la même fleur, une fécondation croisée est souvent nécessaire. Il faut donc deux variétés ayant une bonne compatibilité pollinique et une floraison simultanée.

Par exemple, 'Napoléon', à la chair jaune, croquante et parfumée, pollinise 'Burlat'. À la campagne, les cerisiers des jardins voisins participent à la pollinisation. Choisissez leur forme, en fonction de la place disponible.

Distancez de 8 à 12 m les cerisiers «haute-tige» et de 6 à 8 m les cerisiers «demi-tige». La taille n'est pas recommandée, mais si vous désirez la pratiquer, agissez au moment des récoltes, et surtout pas en hiver car la moindre coupe provoque un écoulement de gomme, ce qui affaiblit l'arbre.

LES OISEAUX, TROP GOURMANDS

Les plus grands ennemis des cerises, ce sont... les oiseaux! Plantez des variétés à fruits jaunes et à fructification tardive, car ils sont surtout attirés par les fruits rouges. Bigarreau Stark Gold, jaune citron, 'Napoléon', jaune doré les tentent moins, et ils produisent à un moment où il y a d'autres choses attirantes au jardin!

Un pommier de plein-vent

La silhouette ample du pommier en fait un beau sujet d'ornement et sa floraison rose nacré est une merveille. C'est l'un des rares fruitiers qui laisse la part belle aux vivaces poussant sous son couvert.

Un pommier de plein-vent mesure de 5 à 10 m de haut suivant les variétés. Il est facile d'en trouver un qui convienne, voire plusieurs, pour un petit jardin. Plantez-les au soleil, en évitant une exposition trop chaude. Ils aiment une terre riche, drainée mais qui ne sèche pas en été. Taillez, en février ou mars, pour maintenir une forme équilibrée. Cette taille, très réduite, ne se pratique que pendant les deux ou trois premières années. Ensuite, la taille n'est plus nécessaire. Il suffit d'ôter les branches gênantes et le bois mort. Éclaircissez les fruits lorsqu'ils mesurent 2 ou 3 cm de diamètre. En fin d'hiver, à l'aplomb de la ramure, épandez du compost. Arrosez, en été, pendant les trois premières années de plantation.

Pour lutter contre les carpocapses, installez des pièges à phéromones. Adoptez des larves de chrysopes, qui se régalent de pucerons, chenilles, cochenilles...

UN PEU PLUS DE FRUITS

La production est plus abondante s'il y a d'autres pommiers dans les environs, car, même s'ils fructifient seuls, ils préfèrent une fécondation croisée. Si vous avez la place, plantez plusieurs pommiers à récoltes échelonnées. 'Delbard estivale' se récolte fin août. 'Reine des Reinettes' se cueille tout septembre. 'Tentation' se consomme en octobre.

Un prunier ? Un entretien réduit...

Un arbre fruitier poussant sans souci et demandant peu de soins ? Et bien, craquez pour un prunier, voire deux ou trois si vous avez la place. En choisissant des variétés différentes, vous pouvez échelonner les récoltes sur 3 mois. Les pruniers aiment un endroit protégé des vents et très ensoleillé. Ils se plaisent dans tous les sols, même peu profonds. La mignonne floraison blanche, en avril, est suivie, en juillet, août ou septembre d'une grosse quantité de fruits.

La reine-claude dorée et la mirabelle ont besoin d'être pollinisées. Comme elles se pollinisent mutuellement, associez-les. Les autres variétés sont auto-fertiles, mais comme tous les fruitiers, ils seront plus productifs en association.

Ne les nourrissez pas trop : si le sol est trop fertile, les pruniers produisent beaucoup de feuillage, au détriment des fruits. Toutefois, la carence en fer étant assez fréquente, surveillez une éventuelle chlorose et apportez alors un engrais organo-minéral chaque année. Ces arbres se taillent à peine : juste une coupe de nettoyage pour éliminer le bois mort et les branches en surplus. Leur silhouette est superbe, presque féerique quand ils sont âgés.

LE BON PRUNIER

Dans le Nord-Est de la France, adoptez quetsches et mirabelles. Ces pruniers supportent les gelées hivernales, même en altitude, jusqu'à 1200 m. Les reines-claudes sont magnifiques dans le Sud-Ouest, et en vallée de Loire. La reine-claude est délicieuse à croquer à tout moment de la journée. J'utilise les quetsches et les mirabelles pour concocter compotes, tartes et clafoutis.

Un poirier de plein-vent

Nés sur le pourtour du bassin méditerranéen, les poiriers ont besoin de soleil et aiment un sol frais, drainé et non calcaire. En respectant leurs besoins et en plantant différentes variétés, il est possible de consommer des poires presque toute l'année grâce à la conservation hivernale.

En avril, un gel tardif peut faire griller toutes les fleurs, ou, un peu plus tard, un gros coup de vent peut faire chuter toutes les fleurs fanées. Alors, pas de poires pour l'année. C'est pour ça qu'à la plantation, il est important de leur offrir un endroit protégé. Le poirier aime un sol sain, drainé, frais, riche et profond. Il déteste les sols secs et le calcaire.

Les poiriers sont autofertiles. Mais le fait d'installer plusieurs variétés augmente leur fertilité, car, même s'ils fructifient parfois seuls, ils préfèrent une fécondation croisée.

Heureusement, il y a souvent des arbres fruitiers dans le voisinage. Ceux-ci participent activement à la pollinisation. Si vous avez la place, installez un ou deux autres poiriers. La variété **'Williams'** est une excellente pollinisatrice, ainsi que **'Conférence'** ou **'Doyenné du Comice'.**

LE BON CHOIX

L'idéal est de planter quatre poiriers, en choisissant les bons pollinisateurs, par exemple une **'Williams'**, une **'Delbard d'automne'** et une **'Conférence'**. Plus une **'Péradel'**, pour la conservation hivernale.

En hiver, supprimez les branches sèches, celles qui se gênent, se croisent ou qui poussent vers l'intérieur de l'arbre.

En mai et juin, les bébés fruits apparaissent, plein de promesses, sur les branches des poiriers. C'est le moment de commencer l'éclaircissage, lorsqu'ils se touchent. Laissez 5 cm entre chaque. Quand ils grossissent, éclaircissez à 15 cm.

Sans oublier les kiwis !

Actinidia chinensis, originaire de Chine, est une liane qui donne ces fruits ressemblant à de petites souris : les kiwis. Avec son feuillage en cœur, velouté, et ses mignonnes fleurs simples, ivoire, aux étamines dorées, il se place aussi bien au jardin d'ornement qu'au verger. Et la production est énorme!

Plantez l'*Actinidia* le long d'un mur ou d'un grillage solide, car les pousses de l'année peuvent atteindre presque 10 m de long. Il aime une orientation ouest ou sud et supporte le froid jusqu'à -18 °C. Certains pieds, les femelles, sont fructifères et d'autres, les mâles, assurent la fécondation. Il faut donc planter les deux. Un pied mâle peut féconder jusqu'à six pieds femelles. On trouve aussi des pieds de kiwis auto-fertiles, mais les fruits sont plus petits.

Guidez les rameaux vers le support. Continuez à les guider régulièrement. Pour que ces plantes ne deviennent pas une jungle inextricable, début mars, éclaircissez les rameaux, à partir des branches charpentières, en les espaçant de 40 cm. Supprimez les autres. Coupez, au ras du sol, une ou deux très grosses branches, pour favoriser l'arrivée de nouvelles, et rajeunir la plante.

En juillet, sur les pieds femelles, pincez les rameaux au-dessus de la quatrième feuille après les grappes de bébés fruits. Sélectionnez quelques gourmands pour remplacer les vieilles branches éliminées en février et commencez à les palisser. Supprimez les autres. En août, coupez, sur les pieds mâles, les rameaux qui ont porté des fleurs, à 50 cm environ. Les *Actinidias* commencent à produire après trois ou quatre ans de plantation, pour donner très vite une multitude de fruits. Avant les grosses gelées, pratiquez la cueillette.

Pour un verger bien affruité

Comment se fait la pollinisation ? Qui transporte le pollen ? Il s'agit du vent et des insectes pollinisateurs. Pour attirer ces insectes, installez des haies bocagères, des massifs de fleurs… Attirés par les plantes mellifères, les insectes travaillent sans relâche, assurant la livraison de pollen, l'élément mâle d'une fleur, sur l'élément femelle, le pistil. Et les fruits sont beaucoup plus nombreux.

Si vous voulez que ces butineurs prennent leurs aises au verger, ce n'est pas uniquement au moment de la pollinisation qu'il faut les attirer, mais toute l'année, afin qu'ils y établissent leur quartier général. Créez des massifs un peu partout, pas trop près des troncs d'arbres afin que les plantes ne soient pas gênées par les racines. Installez un grand nombre d'espèces, en privilégiant les fleurs sauvages et les fleurs simples, beaucoup plus riches en pollen que les fleurs doubles.

Variez les végétaux, échelonnez les floraisons, pour en avoir toute l'année. Ainsi les insectes retardataires trouveront de quoi butiner à l'approche de l'hiver et ceux qui sortent d'hibernation dès février se nourriront voracement après de longs mois de jeûne. Variez au maximum les teintes et les parfums : pour attirer les insectes, les fleurs ont un tas d'astuces, dont celles liées à la couleur, car chaque insecte a son coloris préféré ou son parfum favori.

Entourez le verger d'une haie naturelle, où se côtoient aussi bien le **chèvrefeuille arbustif** d'hiver, pour la mauvaise saison, que le **buddleia,** en plein été. Pour les insectes affamés à la sortie de l'hiver, plantez **des primevères, des brunneras, des pulmonaires, des myosotis, des giroflées…** Plantez à volonté des bulbes à floraison printanière, tout autour des arbres. **Narcisses, tulipes botaniques, muscaris…** Ils vont se naturaliser au fil des ans. Groupez-les en taches naturelles. Pour l'été, pensez aux campanules, aux digitales, aux bleuets, aux monardes, aux sauges…

Quant aux asters, papillons et abeilles les adorent, et butinent ces fleurs tout l'automne, jusqu'aux gelées, parfois groupées par vingt sur une même touffe, lorsqu'il fait grand soleil. Paons du jour, vulcains, syrphes, abeilles charpentières s'y adonnent à cœur joie. Toutes les aromatiques sont mellifères. Installez, au soleil, **lavandes, thyms, hysope, menthes, calaments, sauges, sarriette, marjolaine, fenouil** et, à mi-ombre, **menthe, ciboulette** et **mélisse.**

Pour que ces pollinisateurs ne quittent pas le verger, y hibernent pour mieux butiner au printemps, offrez-leur des abris, éparpillés un peu partout. Cela peut être des rondins de bois percés de trous de diamètres différents ou des petits fagots constitués des tiges creuses de graminées, bambous, sureaux…

Et n'oubliez pas de laisser un coin d'herbes sauvages, car certains papillons ne fréquentent que celles-ci : **orties, consoudes, trèfles, plantain, coquelicots, molènes…**

Les petits fruits

Ces petits fruits délicats et parfumés font l'unanimité : les enfants les aiment autant que leurs parents. Ils sont faciles à cueillir, et, demandant peu de soins, sont parfaits pour un jardin à entretien restreint. Nous vous donnons quelques conseils, mais si vous ne suivez pas, vous aurez tout de même des récoltes. Peut-être un peu moins abondantes... et encore!

Les framboisiers

Framboisier remontant, non remontant ? L'idéal n'est-il pas de cultiver plusieurs variétés ? Les remontants produisent une première fois à l'automne sur les pousses qui ont démarré au printemps et une seconde au début de l'été de l'année suivante, en même temps que les non-remontants, qui offrent une abondante fructification unique, en juin-juillet.

Installez-les de préférence entre novembre et mars, moment où ils sont vendus à racines nues. Ils sont moins chers qu'en conteneurs et ont besoin de moins de suivi quant aux arrosages.

Consacrez à ces arbustes un espace spécifique, au soleil doux ou à ombre légère, avec une bonne terre de jardin non calcaire, drainée, humifère et souple. Espacez les pieds de 40 cm. Ajoutez une poignée de compost à chaque trou de plantation. Arrosez. Rabattez les tiges à 20 cm du sol, pour favoriser l'enracinement. Paillez.

Les framboisiers sont beaucoup plus productifs s'ils sont conduits sur un fil. Plantez des piquets tous les mètres, tendez des fils, accrochez les branches au fur et à mesure de leur croissance. Si vous avez la place, installez-les sur deux lignes : une ligne de remontants, une ligne de non-remontants.

L'entretien est réduit. Si vous renouvelez régulièrement le paillage, les herbes indésirables seront rares. Pour les non-remontants, rabattez au ras du sol, après la cueillette, les tiges ayant fructifié. Taillez en fin d'hiver les variétés remontantes en supprimant les rameaux de deux ans desséchés, et de moitié ceux qui ont produit à l'automne. Diviser les framboisiers permet de garder des plants vigoureux et productifs. Agissez entre novembre et mars, tous les 2 ou 3 ans, en conservant 10 tiges par mètre linéaire.

QUELQUES VARIÉTÉS :

- **'Fallgold' :** de bons gros fruits dorés, de juillet aux gelées, parfumés, fermes et très sucrés.
- **'Sumo' :** de juillet aux gelées, les très gros fruits se succèdent, très parfumés, fermes et très sucrés, rouge mat.

Les cassissiers

Très rustique, toujours productif, incontournable, cet arbuste, *Ribes nigrum*, mesure environ 1,50 m en tous sens et tient souvent compagnie aux groseilliers, au jardin. Il pousse vite, ses branches pouvant croître de 1 m dans l'année.

Du soleil, un emplacement à l'abri des vents dominants, une bonne terre de jardin même peu drainée, mais riche en humus : voilà ce qu'il aime. Espacez chaque pied de 1,50 m. Apportez du compost à la plantation. Installez l'arbuste en enfonçant le collet de quelques centimètres. Rebouchez en tassant bien avec le pied. Taillez court, à 20 cm du sol, toutes les branches au-dessus d'un œil tourné vers l'extérieur. Arrosez abondamment, paillez.

Chaque année, en février, supprimez les branches les plus âgées et dégagez le centre de la touffe, puis taillez d'un tiers les branches conservées. La touffe doit se limiter à 10 ou 12 branches, aucune branche ne doit avoir plus de quatre ans pour une bonne production. Si vous le souhaitez, en début d'été, pratiquez la taille en vert, pour offrir plus de lumière à vos fruits et pour contenir la végétation estivale. Taillez à 2 ou 3 nœuds au-dessus des dernières grappes.

Cassissier 'Noir de Bourgogne'

ADOPTEZ PLUSIEURS VARIÉTÉS

Diversifiez les variétés de cassissiers, pour avoir des cueillettes échelonnées, des saveurs différentes, mais surtout pour obtenir une plus grosse production! Les variétés anciennes, comme **'Noir de Bourgogne'** ou **'Géant de Boskoop'**, autostériles, réagissent à la fécondation croisée, c'est-à-dire qu'ils ont besoin d'une autre variété pour être productifs. Toutes les variétés récentes sont auto-fertiles, comme **'Black Down'** ou **'Delbard Robusta'** et servent de pollinisateurs aux variétés autostériles. Mais même ces variétés récentes donneront plus de fruits s'il y a d'autres variétés.

Les groseilliers

Difficile de trouver des groseilles dans le commerce, sinon à des prix prohibitifs : voilà une excellente raison de planter quelques arbustes, surtout qu'ils ne demandent guère d'attention... en dehors des cueillettes. Dans le commerce, vous trouvez les groseilliers en racines nues, à planter de novembre à mars, ou en conteneur, à planter toute l'année sauf en période de gel et de sécheresse. Installez-les au soleil, dans un sol bien préparé, avec un ajout de compost. Arrosez, paillez. Adultes, ils mesurent plus de 1 m d'envergure. Tenez-en compte à la plantation, en les espaçant de 1,50 m au minimum. Les groseilliers sont de gros gourmands, aussi, ils épuisent vite le sol. Nourrissez-les d'un engrais riche en potasse à l'automne, et surfacez avec du compost au printemps, avant de renouveler le paillage.

Une taille régulière maintient le volume désiré. En fin d'hiver, rabattez de moitié les pousses de l'année sur les tiges principales (appelées charpentières), puis coupez les pousses latérales (tiges secondaires) à 5 cm. Éliminez les vieilles branches trop grosses, ainsi que les branches faibles et celles qui se croisent, car le cœur de l'arbuste doit être bien dégagé pour que l'air et la lumière pénètrent facilement. Un cœur désordonné favorise les maladies. Un arbuste composé d'une douzaine de branches est idéal.

En début d'été, la taille en vert limite l'encombrement et offre de la lumière aux fruits. Taillez à 2 ou 3 bourgeons au-dessus des fruits.

Les groseilliers sont tous auto-fertiles, aussi choisissez vos préférés, en fonction de leurs saveurs, de la date de leur production et de vos venues régulières au jardin. Les fruits sont à maturité entre fin juin et début août : hâtif, semi-hâtif ou tardif...

CASSISSIER OU GROSEILLIER ?

Il n'est guère facile de les distinguer à l'œil, lorsqu'il n'y a pas de fruits. Mais au nez, pas de doute : froissez une feuille, grattez l'écorce ou un bourgeon : l'odeur caractéristique du cassissier est bien là (ceux qui la détestent lui trouvent une odeur de pipi de chat) tandis que le groseillier ne sent rien.

NOS CHOUCHOUS :

- **'Augustus' :** champion pour la taille des grappes, ce groseillier donne ses fruits mûrs en août, comme son nom l'indique, c'est donc un tardif.
- **'Blanka' :** pour préparer d'exquises gelées transparentes, choisissez ce groseillier qui produit des fruits jaune foncé, à pulpe très douce, juteuse et parfumée. C'est fin juillet que la production est à son apogée.
- **'Erde' :** il fructifie en grappes épaisses qui tiennent bien en main, avec une forte production précoce et de qualité...
- **'Fertödi Longues Grappes' :** les très longues grappes mûrissent tardivement. Cet arbuste a besoin d'un froid marqué pour bien fructifier. À réserver aux régions continentales.
- **'Gloire des Sablons' :** rose, presque abricot, ces fruits sont doux, aromatiques, parfumés. La cueillette se fait mi-juillet.
- **Groseille-Raisin 'Industria' :** ses gros fruits rouge clair sont groupés par 30 ou 35 par grappes.
- **'Mulka' :** c'est une excellente variété très tardive, avec un débourrement 3 semaines après les autres, ce qui lui permet une bonne adaptation en moyenne montagne.
- **'Red Lake' :** tardif, il est très productif, avec de gros fruits rouge clair à saveur très douce, agréablement parfumée. Les longues grappes sont recherchées pour la décoration : plats, bouquets et compotiers.
- **'Rovada' :** cet arbuste, excessivement productif, porte de très longues grappes, qui mesurent parfois jusqu'à 15 cm ! Les fruits rouges, juteux, de très bonne qualité, se récoltent à la mi-juillet.
- **'Versaillaise blanche' :** c'est une tardive, avec ses baies blanches, translucides, à la saveur douce.

Potées et jardin bouquetier

Pour avoir une terrasse attrayante, composez quelques potées capables de vivre seules, sans souffrir de votre absence. Et pour orner «vos» maisons de belles compositions, consacrez un petit coin au jardin bouquetier.

Sédums, saxifrages, sempervivum et compagnie

A priori, les potées ne sont pas faites pour les jardins sans suivi d'arrosage, mais agrémenter une terrasse, un bord de fenêtre ou une petite table est trop tentant! Heureusement, les succulentes sont là! Adoptez ces plantes grassouillettes, véritables chameaux, qui adorent le soleil. Elles ont pour noms Sedum (orpins), saxifrages, Sempervivum (joubarbes)...

Elles sont craquantes, ces petites plantes grasses, toutes dodues. Faciles à entretenir, puisqu'elles peuvent se passer d'eau pendant plusieurs jours même en période de sécheresse, elles font merveille pendant de longues années.

Oubliez les plus fragiles, pour ne choisir que celles, bien rustiques, qui peuvent pousser dans nos contrées car originaires d'Amérique du Nord et d'Europe (Alpes, Carpates) pour la plupart. Optez, de préférence, pour un contenant plus large que haut : vasque, terrine, pot à bonsaï, coupe carrée, auge...

Primordial : soignez le drainage, car ces végétaux ne supportent pas l'humidité à leurs pieds. Préparez le substrat, en mélangeant à parts égales du terreau et du sable de rivière.

Drainez le fond avec des billes d'argile ou des graviers, après avoir posé un tesson sur les trous de drainage, puis emplissez le contenant avec le substrat, jusqu'à 2 cm du bord.

Positionnez vos plantes, en tenant compte de leur aspect, jouez avec les formes, les hauteurs. Paillez avec de fins graviers ou de la perlite.

Posez vos potées de succulentes en plein soleil. Elles n'ont qu'un ennemi : l'excès d'eau, qui les fait pourrir! Attention à ne pas les mettre sous une gouttière, surtout en hiver, ne glissez jamais de soucoupe sous le pot.

Ces végétaux demandent peu d'entretien : un arrosage lorsque vous arrivez, si la terre est sèche en surface, et un surfaçage de compost chaque printemps leur suffit. Elles ont leur place aussi bien au sol, sur une table, en terrasse, que sur une marche d'escalier.

Un coin bouquetier

Vous pouvez créer un endroit spécifique pour accueillir les fleurs qui composeront vos bouquets. Vous pourrez les cueillir sans scrupule, sans vous soucier de l'harmonie de vos massifs.

Préparez le sol, en le désherbant manuellement. Utilisez une grelinette pour remuer la terre sans la retourner. Pour plus de facilité, plantez et semez en lignes, en plaçant les arbustes en fond. **Lilas, seringat,** pour le printemps; **rosiers, hortensias, buddleias,** pour l'été et l'automne; quelques persistants, pour l'hiver, comme les ***Choisya* (orangers du Mexique)**, à la très longue floraison et au feuillage intéressant pour les compositions.

Le but est de «bouqueter» toute l'année. Choisissez des plantes à épanouissement échelonné. Privilégiez **les hellébores**, pour la floraison hivernale, **les narcisses** et **les tulipes** pour fêter le printemps, **les dahlias** pour animer de la belle saison aux gelées. Ces derniers sont indispensables, et il y en a pour tous les goûts. Ils mesurent de 30 cm à près de 2 m de haut. Toutes les formes et toutes les couleurs existent, sauf le bleu pur. **Dahlia pompon, dahlia cactus, dahlia balle, dahlia à collerette, dahlia dentelle, dahlia à fleurs de clématite, d'anémone, de nénuphar, de pivoine...**

Parmi les annuelles prolifiques et sans souci, à semer en mai, il y a les cosmos, soucis, malopes, lavatères... Et les immortelles, pour composer des bouquets secs.

Installez des vivaces faciles à vivre, comme **les marguerites, les ancolies, les lupins, les pivoines, la gypsophile :** vous les retrouverez, fidèles, plus belles d'année en année. Pour plus de grâce et de naturel, les feuillages sont indispensables dans un bouquet de fleurs. Ils adoucissent et structurent les compositions... **Les fougères** sont à utiliser sans modération.

Sauvageonnes ou cultivées, les graminées font, tout au long de l'année, de jolis bouquets ébouriffés, qu'elles soient tendres au printemps, mûres en été ou sèches à l'automne ou en hiver. Grâce à leur graphisme, elles allègent les compositions un peu lourdes.

Mais vous pouvez aussi investir le potager. Il se prête à la culture d'annuelles ou de vivaces cohabitant parfaitement avec les légumes. À portée de main, vous oserez couper les fleurs sans remords, sans toucher aux massifs d'ornement.

Semez et plantez des fleurs à l'allure naturelle, tenant longtemps en vase. Entourez les planches de quelques **pieds de lavande, marguerites, monardes, asters,** mais aussi **bulbes de lis et glaïeuls.** Semez, dans les endroits libres, des annuelles à longue tenue...

POUR UNE BONNE CONSERVATION

Faites votre cueillette le matin à la fraîche. Ôtez les feuilles sur toute la partie des tiges qui va tremper dans l'eau. Coupez ces tiges sous l'eau, en biseau si elles sont épaisses, puis mettez les fleurs à tremper dans un seau d'eau, pendant quelques heures, dans une pièce sombre et fraîche. Vient alors le moment de composer le bouquet. Coupez à nouveau les tiges sous l'eau. Placez chaque fleur dans le vase une à une. Pour une plus longue conservation, ajoutez à l'eau un cachet d'aspirine ou une pincée de gros sel. Si vous rapportez ces fleurs dans votre habitation principale, roulez-les, bien serrées, dans du papier journal, puis glissez le tout dans un sac plastique.

Attention, plantes invasives

Notre flore est en perpétuelle évolution : des espèces se raréfient, d'autres les remplacent, spontanément ou lors d'une introduction, volontaire ou pas. Parfois, elles sont trop envahissantes, voire invasives.

Gestion des plantes invasives

Quelques plantes venues d'ailleurs, pour l'ornement, se ressèment abondamment et menacent nos espèces indigènes. D'autres se naturalisent un peu trop par leurs stolons. On les appelle invasives car elles se comportent comme des envahisseurs dans un nouvel endroit et empêchent la flore locale de se développer. Certaines régions commencent à lutter contre ces invasions. En plantant certaines espèces dans nos jardins, nous sommes responsables si elles s'en échappent et nuisent à la diversité... ou simplement si elles «débordent» chez les voisins.

Méfiez-vous !

- Sachez les reconnaître et les maîtriser, en supprimant les fleurs avant la montée à graines, par exemple. Mais il y a des nuances. Telles **les impatientes de l'Himalaya** qui se propagent vite dans les coins très frais. Certains bords de rivière en sont infestés, mais si votre sol est sec, elles resteront sages.

- Si vous constatez qu'une plante s'échappe trop de l'endroit où elle est installée, surveillez-la et soyez prêt à l'éradiquer si nécessaire. Mais ne paniquez pas si votre ***Euphorbe characias*** fait quelques bébés de-ci de-là, au contraire... ce n'est pas une invasion!

- Parmi les envahissantes que l'on peut contrôler, vous connaissez **le buddleia.** Ce n'est pas parce qu'il se ressème d'une façon intempestive que l'on doit se priver de ses épis parfumés attirant irrésistiblement papillons et abeilles. Il suffit de couper les fleurs fanées très régulièrement. Non seulement il ne pourra pas faire de graines, mais il restera élégant plus longtemps.

- Méfiez-vous de **l'herbe de la Pampa** ❶, qui, se sauvant des jardins, prend le pas parfois sur la flore locale. C'est un fléau dans de nombreuses régions, en particulier en Bretagne où certaines landes en sont occupées en totalité.

1

▪ Oubliez aussi le ***Phytolacca***, même si le feuillage et les baies sont superbes. Véritable plaie dans certaines régions, il figurait dans les catalogues des pépiniéristes il y a 30 ans. Pour s'en débarrasser, il faut arracher inlassablement les racines à l'aide d'un couteau désherbeur. C'est dans les Landes qu'il pose le plus de problèmes.

▪ Ne vous laissez pas tenter par **la grande berce du Caucase,** sauf si vous êtes sûr de ne pas la laisser monter à graines car elle se ressème à tout va. Majestueuse, cette ombellifère peut atteindre 3 à 4 m de haut.

▪ **La jussie,** ravissante plante à fleurs jaunes, longtemps vendue comme plante aquatique, est maintenant interdite à la commercialisation : elle sort des étangs privés, colonise les cours d'eau, empêchant les poissons de se reproduire.

▪ Considéré longtemps comme une panacée grâce à sa résistance à la sécheresse, aux vents et aux embruns, **le *Baccharis halimifolia*** occupe les bords de mer et les grands marais. Dans le Morbihan, on organise des campagnes publiques d'arrachage.

2

▪ Ne placez pas de **bambous** près d'un mur ou d'une terrasse. Les rhizomes peuvent passer en dessous et soulever les pierres. À la plantation, cernez-les, avec des barrières spécifiques vendues en jardinerie, pour qu'ils ne s'étendent pas. ❷

▪ Attention à ***l'Aegopodium,*** couvre-sol implacable s'il se plaît. Ce ne sont pas ses graines qui sont à craindre le plus, mais ses racines traçantes. Si vous craquez pour le ravissant cultivar panaché de blanc, agissez comme pour les bambous : cerclez la touffe. Idem pour **la renouée du Japon**, dont il est difficile de se débarrasser.

▪ **Les mimosas de semis** peuvent coloniser des terrains entiers. Si votre jardin est dans une région où il ne gèle pas, achetez-les greffés.

EN BONNE HARMONIE JARDINIÈRE AVEC LES VOISINS

Comment ne pas vous fâcher avec votre voisin, pour des soucis de jardin ? Avant tout, gare aux semis intempestifs et aux plantes qui drageonnent trop et peuvent passer sous le mur de séparation, comme les bambous.

Il est important de connaître certaines règles, dictées par le Code civil, et parfois par des usages locaux que votre mairie et la préfecture sont aptes à vous communiquer. Si vous êtes en copropriété, le règlement diffère parfois. Les cas les plus litigieux concernent les plantes de haie. En règle générale, elles doivent se trouver à 50 cm de la limite séparative si elles ne dépassent pas 2 m de haut et à 2 m de distance si elles dépassent 2 m de haut. N'installez pas de grimpantes sur un mur privatif.

Sur un mur mitoyen, elles doivent tout juste atteindre le sommet. Même si vous êtes très gourmand, ne cueillez pas les fruits accrochés aux branches qui dépassent chez vous (sauf si votre voisin vous donne la permission) mais délectez-vous de ceux tombés à terre.

Aménager son jardin : déco & récup'

Chiner dans les brocantes et les vide-greniers, courir les petites boutiques de charme et les jardineries, se régaler dans les fêtes des plantes, farfouiller dans la campagne environnante, font partie des plaisirs des week-ends et des vacances, pour aménager et décorer le jardin avec de nouveaux végétaux, de la récup' et de jolis objets.

L'aménagement au jardin

Chacun, suivant sa personnalité et ses goûts, use de divers artifices pour créer un espace à sa convenance, utile à son bien-être, tout en mettant les plantes en valeur. Même les jardins naturels demandent à être agencés : deux ou trois montants pour que les plantes grimpantes puissent s'accrocher, une petite construction pour ranger les outils, des points d'eau, un banc, une tonnelle, un escalier fleuri... Pour un jardin plus «travaillé» ou plus grand, pourquoi ne pas tenter une succession d'arches ?

L'automne et l'hiver sont des périodes propices à des projets de restructuration. Il est facile de voir ce qui manque ou bien ce qui peut être amélioré : création de nouveaux massifs ou installation d'un élément décoratif ou pratique.

Vérifiez si l'emplacement des plantations, des structures, des allées conviennent, vu de partout : de tous les endroits du jardin, mais aussi de la maison. S'il y a des étages, n'hésitez pas à grimper pour appréhender l'ensemble. Piquets, bambous, corde, dessins tracés à la craie ou au plâtre matérialisent au fur et à mesure massifs et autres installations.

Allées, chemins, sentiers... Indispensables, ils donnent aussi beaucoup de personnalité au jardin, suivant leur tracé et leur composition. Leur utilité est primordiale : pensez-y en les dessinant.

Pour donner un air nouveau, sans grand coût, pensez aux claustras. Claustra en bambou, en saule, en roseau, en métal... Cette paroi ajourée sert de clôture aérienne et d'isolation légère. Utilisez-la pour cloisonner le jardin de petits fruits ou pour séparer deux plantes qui, côte à côte, ne s'accordent pas en couleur. Elle sert d'écrin à vos plantes préférées et de tuteur aux plantes grimpantes... Elle cache le composteur, le bac à réserve d'eau...

Clôtures : tressez des matériaux d'antan

À l'origine, les clôtures étaient constituées de matériaux naturels. Bois mort, bois vivant... Quelle belle façon d'entourer le jardin, à la place d'un grillage, n'est-ce pas ?

Elles marquent notre individualité et évitent les errements dans la rue de nos animaux de compagnie. Pour faire partie intégrante du jardin, rien de plus joli et de plus champêtre que les barrières en châtaignier ou en noisetier tressé. Mais ce bois mort n'a pas une longévité exemplaire. Pourquoi ne pas installer des haies vivantes ? Tressées ou «plessées», elles font appel à un savoir-faire, qui, tombé en désuétude pendant trop longtemps, revient en force. L'art de tresser l'osier vivant était une tradition au jardin médiéval.

Souple et solide à la fois, l'osier peut se plier à tous vos projets. Haie en losange, cabane, gloriette, tipi. L'hiver, l'écorce rousse colore le jardin et, au printemps, le tendre feuillage l'illumine. Vous pouvez réaliser vous-même ces plessis à base de brins d'osier (une variété de saule) croisés. Comme des boutures, ils prennent racine et se parent de feuilles au printemps. Au fil des ans, les brins deviennent de petits troncs et la haie se fait écran total.

Vous pouvez aussi installer des jeunes plants déjà racinés. De novembre à mars, enfoncez dans le sol des brins de saule d'un an à 25 cm de profondeur, par groupe de quatre à six. Pour une haie, entrecroisez-les devant-derrière, selon la technique de la vannerie.

Pour avoir de beaux losanges réguliers, il suffit de tendre des fils tous les 30 cm de hauteur pour lier les brins. Dès le printemps, chaque pousse va donner des ramifications. Les deux premières années de plantation, pensez à arroser abondamment en été à chaque fois que vous êtes présent. Quelques pépinières se sont spécialisées dans la culture de saules. On y trouve aussi bien de jeunes plants que les arbustes déjà tressés, à acheter au mètre.

Pergolas, tonnelles et autres structures

Romantiques, surannés, actuels, rigolos... Gloriettes et arceaux changent l'allure d'un jardin. Suivant la place dont vous disposez, son style et votre budget, choisissez la structure qui convient pour enjoliver l'espace. Les pergolas, constituées de poteaux ou de treillis, couvrent généralement une allée, un passage, procurant un ombrage fort agréable en plein été. On les utilise pour faire une transition entre deux endroits distincts, ou jouer les décors. En métal, en bois, elles doivent être solides, car les plantes qui vont les garnir pèsent lourd : rosier liane, grand rosier grimpant, vigne, glycine, clématite des montagnes, jasmin officinal, houblon doré...

Souvent rondes, parfois octogonales, les gloriettes abritent une table ou un salon de jardin. C'est un endroit convivial, conçu pour rencontres et rendez-vous. Elles se placent sur la pelouse ou dans un coin du jardin. Un rien les habille : un rosier grimpant, un jasmin ou une clématite.

Tonnelle... Ombre douce, fauteuil confortable, endroit où l'on vient se réfugier, lire en solitaire ou rêver, tout simplement... Cette petite cachette prend des formes très diverses. Elle peut être en métal, en plastique, en bois. Dissimulez-la sous un akébia, un *Trachelospermum*, une clématite, un rosier. Ou construisez-la en osier vivant. Le saule se prête bien à cet emploi. Quant aux arceaux, ils ont leur place partout, même dans un tout petit espace. Ils invitent à prendre un chemin, marquent l'entrée du potager ou mettent en valeur l'arrivée à la maison. Très jolie, aussi, la succession d'arceaux, pour suivre une allée! Ils se contentent d'une clématite légère ou d'un petit rosier grimpant, auxquels vous pouvez associer quelques annuelles : pois de senteur, capucines, volubilis.

Indispensables récupérateurs d'eau

De plus en plus, nous pensons tous à préserver les ressources naturelles de la planète. Le jardinier est en première ligne pour agir au quotidien. Économiser l'eau, c'est travailler pour notre environnement. En exécutant des gestes simples, en plus d'être utile à notre terre, nous réalisons de grosses économies, car l'eau de ville coûte cher. Installez des récupérateurs, où va se déverser l'eau de pluie! Vous aurez ainsi à portée de main ce qu'il faut pour abreuver vos plantes. Vos végétaux se porteront mieux qu'avec un arrosage à l'eau de ville, surtout ceux de terre de bruyère.

Faites soigneusement l'inventaire, pour ne rien oublier : le toit de la maison, du garage, des granges, des cabanes de jardin, même d'un appentis minuscule, permettent de récupérer ce cadeau du ciel.

Procurez-vous des systèmes de dérivation, faciles à installer sur les descentes de gouttières. Ils se présentent comme une petite trappe que l'on ouvre et qui penche vers le récipient. Disposez, sous les gouttières, des bonbonnes, des tonneaux, des lessiveuses. Ces dernières, en zinc, sont ravissantes, mais leur contenance restreinte est réservée aux petits cabanons. Si vous achetez des cuves, optez pour celles à grandes capacités. Dans le commerce, le choix est vaste. Carrées ou rectangulaires, en forme d'amphore ou de tonneau. Les plus discrètes et les plus pratiques sont en polyéthylène renforcé, couleur terre cuite. Un robinet permet de se servir en eau quand c'est nécessaire.

Disposez, dans tout le jardin, des vieux seaux, cuvettes ou arrosoirs en zinc, des poteries étanches et non utilisées. Les brocantes et vide-greniers en regorgent, à petits prix. Décoratifs, ils sont très utiles pour arroser, au passage, une plante voisine qui a soif. Ces récipients en zinc sont aussi parfaits pour accueillir des plantes d'eau, jouant alors les mini-bassins.

Un peu de déco avec des vieux pots

Les vieux pots de terre cuite s'entassent souvent au fond de la remise ? Ne vous en séparez jamais : montés sur des piquets, superposés, ils deviennent des personnages qui apportent une note d'humour au jardin, comme un épouvantail.

Les ébréchés vont servir d'abris élégants à la petite faune. Emplissez-les de brindilles, de paille, de feuilles mortes. Installez-les dans des endroits tranquilles du jardin : hérissons et crapauds vont s'y installer. Posez-les de guingois, pour qu'ils y pénètrent facilement. Accrochez-en quelques-uns dans les arbres, en passant un fil de fer par le trou de drainage. Dans ce cas-là, optez pour des pots de 5 à 12 cm de diamètre. Les plus petits accueilleront peut-être des troglodytes, ces si mignons oiseaux ?

Entre land art et récup'

Des objets variés, comme une tonnelle, un banc ou des palissades, font partie intégrante du jardin. Mais le plus amusant, n'est-ce pas de chiner parmi les végétaux et matériaux qui vous entourent ? La nature est inspirante, pour qui sait ouvrir l'œil.

Il y a de la mousse dans le sous-bois ? Sans le dénaturer, prélevez-en pour tapisser la porte en bois de la cabane à outils, en l'agrafant. Les cannes sont une inépuisable source, pour jouer les tuteurs, se transformer en tipi ou en clôture. Tiges de bambous, de graminées, de roseaux...

Peut-être avez-vous, dans un coin, un filet de protection contre les oiseaux ? Inutilisé dans son emploi initial, il est ravissant, drapé sur un pan de mur un peu décati, et de frêles grimpantes peuvent se glisser entre les mailles. Un vieil escabeau, posé négligemment sur une façade, donne un côté désuet, voire romantique si une clématite s'accroche à ses marches.

Récupérez, au moment des tailles, châtaignier, noisetier, saule, pour fabriquer des plessis, des bordures...

Faites des fagots avec de jolis branchages, posez au sol les plus grands, suspendez aux arbres le plus petits. Ils animent le jardin, tout en servant de refuge à la petite faune. Le principe de ces fagots, c'est de réunir des tiges de la même taille, de les traiter en gerbes, en les liant avec du raphia, voire de la ficelle pour les plus importantes.

Index des plantes

A

B

C

D-E

F-G

H

I-J-K

Crédits photographiques

En couverture : © Shutterstock

© Noémie Vialard: p. 23, 75 (2).
© Photononstop /Biosphoto: Alain Kubacsi: p. 71 (1), 79; Alexandre Petzold: p. 108; Andrew Lawson /Flora Press: p. 47; Antoni Agelet: p. 61 (1); Digitalice: p. 35; Dominique Dumas: p. 93 (1); Frédéric Didillon: p. 53, 54 (2), 76 (1), 81, 118; Friedrich Strauss: p. 32 (2), 107; Gilles Le Scanff & Joëlle-Caroline Mayer: p. 49 (2), 58 (2), 65 (4), 95, 105; H. Curtis: p. 55 (1), 89; Jean-Jacques Etienne: p. 102 (3); Jean-Michel Groult: p 34, 39, 93 (3); Joe Blossom /Photoshot: p. 92; Lamontagne: p. 33, 68, 102; NouN: p. 30 (Le Jardin du fond de l'or, M. Lubet), 37 (1 et 2), 48 (2), 49 (1), 51 (1), 55 (2), 86, 88 (Le Jardin d'Elsie), 94 (1), 101 (2), 119; Nova Photo Graphik /Flora Press: p. 74; Pedro Silmon /Flora Press: p. 45; Philippe Giraud: p. 113; Quentin Marquet: p. 94 (2); Sylvain Cordier: p. 36; Visions Botanical /Visions Pictures: p. 66 (2), 67; Visions Pictures: p. 83; Yann Avril: p. 24 (2).
© Shutterstock: p. 14, 16, 17, 18, 20, 24 (1), 25, 27, 38 (1), 43, 44 (1 et 2), 46, 48 (1), 51 (2), 52, 54 (1), 55 (3), 58 (1), 60 (2), 61 (2 et 3), 65 (1, 2 et 3), 66 (1), 70, 71 (2), 72, 75 (1), 76 (2), 77, 92 (2), 93 (2), 97, 98 (1 et 3), 99 (1 et 2), 100, 101 (1), 103 (1), 104, 109, 115, 122, 123, 124 (1 et 2), 125.

Direction d'édition : Thierry Lamarre
Édition : Flore Beaugendre
Textes : Noémie Vialard
Correction-révision : Isabelle Misery
Conception graphique mise en pages et couverture : Either studio

PEFC
PEFC/46-31-13
Certifié PEFC
Ce produit est issu de forêts gérées durablement et de sources contrôlées
www.pefc.ro

Éditions Massin - Publiées par Société d'Information et de Créations - SIC Une société de Marie Claire Album - 10, bd des Frères-Voisin 92792 Issy-les-Moulineaux CEDEX 9 - France - Tél. : 01 41 46 88 88
RCS Nanterre 302 114 509 - Sarl au capital de 822000 euros

ISBN : 978-2-7072-1228-3 - N° Éditeur : 38369
Imprimé par Rotolito, Bucarest (Roumanie)
Dépôt légal : février 2021
Réimpression : mars 2022

www.sotrendoo.com